KB089686

쉽게 설명한,
직장인이
알아야 할 기초
노무 지식

- 개인 편 -

쉽게 설명한,

직장인이
알아야 할 기초
노무 지식

-개인 편-

박성민 지음

모든북스

기초 노무 지식, 알고 대응하자!

직장을 다니면서 회사로부터 노무 관련 안내를 받거나 언론을 통하여 노무 관련 정보를 접하였을 때 어떤 의미인지 잘 몰라 한 번쯤은 당황하거나 주변에 알고 있을 만한 사람에게 물어보았던 적이 있을 것입니다. 이는 노무 관련 사항이 법적 용어로 되어 있다보니 기초 지식이 없으면 무슨 말인지 이해하기가 쉽지 않기 때문입니다.

이 책은 저자가 공인노무사로 20여년간 다양한 고객들과 노무 상담, 강의 등의 활동을 하면서 노동법의 기본적인 사항에 대해 알지 못하여 어려움을 겪거나 잘못된 판단을 하고 있는 직장인 또는 일반인들을 위하여 최소한 알고 있어야 할 기초 노무 지식을 모아서 쉽게 알려드릴 필요를 느껴 집필을 하게 되었습니다. 물론 회사에서 인사 또는 노무관련 업무를 하고 있는 담당자들도 이 책을 통하여 기초적인 노무 지식을 정리할 수 있도록 전문적인 사항을 포함하여 전반적인 내용을 다루었습니다.

또한, 대부분 법률 서적의 내용이 딱딱하고 재미가 없어 읽기가 쉽지 않다는 점을 고려하여 회사에 막 입사한 신입 사원인 '김신입'을 주인공으로 하여 그 주변의 인물들의 관계에서 발생하는 노무 관련 사항에 대하여 에피소드 형식으로 풀어냄으로써 전문적이고 법적인 노무 문제지만 재미있고 알기 쉽게 전달하고자 하였습니다.

이 책의 구성을 보면 근로계약, 취업규칙, 임금, 근로시간, 휴일·휴가, 휴업 및 휴직, 인사이동과 근로관계 변동, 징계 및 근로관계 종료, 퇴직급여, 4대 보험 및 실업 급여, 법적 권리 구제 절차, 산재 보상, 근로기준법의 적용 범위와 근로자성 등 총 13개의 주제로 나누어 해당 주제별 발생할 수 있는 사례를 중심으로 하여 일반 직장인들이 관심을 가질 뿐만 아니라 알고 있을 필요가 있는 내용으로 구성하였습니다.

지금까지 노무 문제를 다룬 다양한 서적이 출판되었으나, 이 책과 같이 에피소드를 가미하여 쉽게 서술된 서적을 찾기는 쉽지 않을 것으로 생각됩니다. 쉽게 서술을 하였으나 전문적인 노무 지식을 정확하게 전달하기 위하여 심혈을 기울였다는 점을 자신있게 말씀드립니다.

마지막으로 이 책을 내도록 독려해 주신 모든북스 대표님과 책 출간을 위하여 많은 노력을 기울여주신 분들에게 감사드립니다.

2021. 9.
박 성 민

쉽게 설명한,
직장인이 알아야 할 기초 노무 지식 < 개인 편 >

등장인물

김신입

99대 1의 경쟁을 뚫고 우리전자에 입사한 새내기로, 회사의 노무관리 업무를 담당하여 성실하게 좌충우돌 하며 노무 업무를 배우고 있다.

황대리

경영지원 팀에서 근무하고 있는 김신입의 선임자로, 김신입에게 업무를 알려주긴 하나 아직은 본인도 업무를 잘 알지 못하여 어려운 업무를 처리하길 꺼려하는 성향이다.

정팀장

경영지원 팀을 책임지고 팀을 운영하고 있는 꼼꼼한 성격의 팀장이다.

강절친

김신입의 고등학교 동창으로 가장 친하게 지내고 있는 친구이나, 취업에 어려움을 겪고 있다.

박노무사

우리전자와 노무 관련 자문 계약을 맺고 회사에서 궁금해 하는 사항에 대하여 전문적인 상담 등 자문 서비스를 제공하고 있다.

주제 1

근로계약,
올바로 체결하기

주제 1에서 알아볼 내용은 다음과 같다.

근로계약서 작성하기

01

"드디어 출근을 하는구나!!"

대학을 졸업하고 여러 번의 입사 지원을 통하여 우리전자에 입사한 김신입은 오늘 첫 출근을 하게 되었다. 첫 출근이라 모든 것이 낯설어 잔뜩 긴장한 채 회의실에서 대기하고 있었다.

"똑똑" 노크와 함께 회의실 문이 열리고, 한눈에 보아도 꼼꼼해 보이는 성격의 남자 분이 들어왔다.

"나는 경영지원 팀 정팀장이라고 합니다. 먼저 입사를 축하드립니다. 김신입씨는 99대 1의 경쟁을 뚫고 입사를 한 인재로 앞으로 기대가 큽니다. 잘해주길 바랍니다."

"네, 열심히 하겠습니다." 김신입은 씩씩하게 대답하였다.

"우리 회사는 직원이 출근하는 첫날에 바로 근로계약서를 작성합니다." 정팀장은 서류를 김신입 앞에 놓으며 말을 이어갔다.

"지금 처리해야 할 업무가 있어 잠깐 나갔다 올 테니 천천히 읽어보고 궁금한 사항 있으면 질문하세요. 뭐, 특별히 궁금한 사항이 없으면 서명해서 제출해 주면 되고……."

대학 졸업 후 취업 준비만 하다가 입사하였기에 지금까지 한번도 근로계약서를 작성해 보지 않은 김신입은 책상 위에 놓인 근로계약서를 읽어

보았으나 어떤 부분을 주의해서 확인해야 할지 알 수가 없었다.

이처럼 미리 준비 없이 갑작스럽게 근로계약서를 작성해야 하는 상황에 놓이는 경우가 종종 발생하고 있는데, 근로계약서 작성과 관련한 법 규정 및 주의할 사항에 대하여 확인해 보자.

근로계약과 관련하여 법에서 정하고 있는 사항

근로계약서 작성과 관련하여 근로기준법은 임금, 소정근로시간, 주휴일, 연차유급휴가, 취업의 장소와 종사하여야 할 업무, 취업규칙에서 정한 사항, 기숙사 규칙에 대하여 근로계약 체결 시 명시하도록 하고 있으며, 그중에서 임금의 구성 항목·계산 방법·지급 방법, 소정근로시간, 주휴일, 연차유급휴가는 서면으로 근로자에게 교부하도록 하고 있다.

또한 근로계약서를 체결하였으나 근무 도중 단체협약 또는 취업규칙 등의 변경으로 근로계약서의 서면 명시 사항이 변경되는 경우에 근로자의 요구가 있으면 해당 근로자에게 교부하도록 하고 있다.

서면 교부 의무가 부여되어 있는 근로조건에 대하여 교부의 방법을 반드시 근로계약서의 형태로 할 필요는 없으나 일반적으로 선택하는 방법이 상호 서명 날인함으로써 합의가 전제되는 근로계약서를 체결하는 것이다.

근로계약서를 체결할 때에는 법에서 정하고 있는 명시 사항들이 잘 반영되어 있는지 확인할 필요가 있다. 만약 이러한 법규정을 위반하여 임금, 근로시간 등 서면 명시 및 교부 의무를 준수하고 있지 않다면 제대로 반영할 것을 요구하는 것이 필요하며, 그럼에도 지키지 않는 사업장에 대해서 고용노동지청에 고소할 경우 5백만원 이하의 벌금(기간제의 경우 과태료) 처분을 받게 된다.

근로계약 체결·변경시 근로조건 명시·교부의무

구분	명시	서면명시·교부	적용	벌칙
일반 근로자 (근기법 제17조)	1. 임금 2. 수정근로시간 3. 주휴일 4. 연차휴가 5. 취업장소,종사업무 6. 취업규칙 필수적 기재사항 7. 기숙사 규칙	<서면명시 및 교부> 1. 임금 2. 수정근로시간 3. 주휴일 4. 연차휴가 <요구시 교부> 취업규칙 등의 변경시	1명 이상 사업장 (근로시간, 연차 휴가는 5명 이상)	500만원 이하 벌금
기간제/ 단시간 근로자 (기간제법 제17조)	1. 근로계약기간 2. 근로시간 · 휴게 3. 임금 4. 휴일 · 휴가 5. 취업장소, 종사업무 6. 근로일 및 근로일별 근로시간(단시간)	전부 서면 명시 의무 (단시간근로자의 경우 반드시 근로 계약서 로 작성·교부)	5명 이상 사업장 (계약기간, 휴게, 임금, 휴일, 취업장소 · 종사업무는 4명 이 하에도 적용)	500만원 이하 과태료

근로계약이 포괄임금으로 되어 있는지 확인
—

근로계약서 체결 시 특히 주의해야 할 사항은 연장근로수당, 휴일근로 수당 등 법정수당이 연봉에 포함되어 있는 경우인데 이러한 근로계약 형태를 포괄(역산)임금제라고 한다. 포괄(역산)임금제 형태의 근로계약 은 근로기준법이 시급을 기준으로 제도가 마련되어 있다 보니 별도로 수당을 지급하지 않는 연봉제 등을 하기 위해 어느 정도 불가피한 측면 이 있다.

포괄임금제는 법에 규정이 없으며 판례를 통하여 확립된 제도로 근로시 간·근로형태와 업무의 성질 등을 참작하여 계산의 편의와 직원의 근무 의욕을 고취하는 뜻에서 근로자의 승낙하에 제수당을 합한 금액을 연봉 또는 월급으로 인정하는 것으로, 포괄(역산)임금제는 순수한 포괄임금제와 일부 차이가 있으나 크게 보면 포괄임금제의 일종이라고 할 것이다.

포괄(역산)임금제로 인정되기 위해서는 ① 취업규칙 등 사규에 근거 규정을 두어야 하고, ② 근로계약서에 포함되는 제수당의 금액이 구체적으로 명시되고, 포괄임금의 적용에 대한 근로자의 동의가 있어야 하며, ③ 임금대장에도 해당 수당이 기본급과 구분되어 별도의 항목으로 반영되어야 한다.

예를 들면, 월 40시간의 연장근로수당을 포함한 연봉 계약서를 체결하기 위해서는 연봉계약서(또는 근로계약서)에 기본연봉과는 별도로 통상임금을 기준으로 산정한 연장근로수당을 명시하여야 하며, 임금대장에도 별도의 항목으로 연장근로수당을 구분하여야 한다.

포괄임금약정을 하더라도 포괄되어 있는 연장근로수당에 해당하는 시간보다 더 많은 시간의 연장근로를 할 경우 차액분은 별도로 지급하여야 하나, 반대로 포괄 약정된 연장근로보다 적게 근무한 경우 포괄임금에 이미 반영되어 있는 연장근로수당을 차감하여 지급할 수는 없다.

표준근로계약서 확인을 통해 계약형태 등 확인

근로계약서를 보면 정규직 근로계약과 계약직 근로계약을 구분할 수 있는데, 다른 항목은 모두 동일하더라도 근로계약 기간에서 기간을 특정하지 않아 정년까지 근로가 가능한 형태의 근로계약서를 정규직 근로계약서라고 하며, 종료되는 특정한 시점을 정한 근로계약서를 계약직 근로계약서라고 한다.

아래의 표와 같이 정규직 및 계약직 근로계약서에서 차이는 표시한 근로계약기간만 차이가 발생하고 나머지는 동일한 것이 일반적이다.

제시된 고용노동부의 표준근로계약서는 사회보험 적용여부를 체크하여 가입할지 말지를 결정할 수 있는 것처럼 되어 있으나, 4대 사회보험은 나이, 근로시간 등 취득요건을 충족하면 강제적으로 가입해야 하는 것으로 근로자의 의사에 따라 가입여부를 결정할 수 있는 것이 아니다. 따라서 관련 법령에 명시된 보험가입 적용 제외 사유에 해당할 경우에만 체크를 하면 된다.

근로계약서를 작성하기에 앞서 제시된 표준근로계약서와 다른 점이 무엇인지 확인하고 다를 경우 왜 다른지 확인을 하는 것이 필요하다.

노동부 표준근로계약서 양식(정규직)

_____(이하 "사업주"라 함)과(와)_____(이하 "근로자"라 함)은 다음과 같이 근로계약을 체결한다.

1. 근로개시일 :   년   월   일부터
2. 근 무 장 소 :
3. 업무의 내용 :
4. 소정근로시간 : ___시 ___분부터 ___시 ___분까지 (휴게시간 : 시 분 ~ 시 분)
5. 근무일/휴일 : 매주 ___일(또는 매일 단위)근무, 주휴일 매주 ___요일
6. 임 금
    - 월(일, 시간)급 : _____원
    - 상여금 : 있음 (   )
    - 기타급여(제수당 등 : 있음 (   ), 없음 (   )
    _____원,   _____원
    - 임금지급일 : 매월(매주 또는 매일) _____일(휴일의 경우는 전일 지급)
    - 지급방법 : 근로자에게 직접지급 (   ), 근로자 명의 예금통장에 입금 (   )
7. 연차유급휴가
    - 연차유급휴가는 근로기준법에서 정하는 바에 따라 부여함
8. 사회보험 적용여부(해당란에 체크)
    □ 고용보험 □ 산재보험 □ 국민연금 □ 건강보험
9. 근로계약서 교부
    - 사업주는 근로계약을 체결함과 동시에 본 계약서를 사본하여 근로자의
    - 교부요구와 관계없이 근로자에게 교부함(근로기준법 제17조 이행)
10. 근로계약, 취업규칙 등의 성실한 이행의무
    - 사업주와 근로자는 각자가 근로계약, 취업규칙, 단체협약을 지키고 성실하게 이행하여야 함
11. 기 타
    - 이 계약에 정함이 없는 사항은 근로기준법령에 의함

                        년   월   일

(사업주) 사업체명 :   (전화 :   )
         주   소 :
         대 표 자 :   (서명)

(근로자) 주   소 :
         연 락 처 :
         성   명 :   (서명)

노동부 표준근로계약서 양식(기간제)

_____(이하 "사업주"라 함)과(와)_____(이하 "근로자"라 함)은 다음과 같이 근로계약을 체결한다.

1. 근로계약기간 :   년   월   일부터   년   월   일까지
2. 근 무 장 소 :
3. 업무의 내용 :
4. 소정근로시간 : ___시 ___분부터 ___시 ___분까지 (휴게시간 : 시 분 ~ 시 분)
5. 근무일/휴일 : 매주 ___일(또는 매일단위)근무, 주휴일 매주 ___요일
6. 임 금
   - 월(일, 시간)급 : _____원
   - 상여금 : 있음 (   )_____원, 없음 (   )
   - 기타급여(제수당 등) : 있음 (   ),   없음 (   )
   · _____원,   _____원
   - 임금지급일 : 매월(매주 또는 매일) _____일(휴일의 경우는 전일 지급)
   - 지급방법 : 근로자에게 직접지급(   ), 근로자 명의 예금통장에 입금(   )
7. 연차유급휴가
   - 연차유급휴가는 근로기준법에서 정하는 바에 따라 부여함
8. 사회보험 적용여부(해당란에 체크)
   □ 고용보험 □ 산재보험 □ 국민연금 □ 건강보험
9. 근로계약서 교부
   - 사업주는 근로계약을 체결함과 동시에 본 계약서를 사본하여 근로자의 교부 요구와 관계없이 근로자에게 교부함(근로기준법 제17조 이행)
10. 근로계약, 취업규칙 등의 성실한 이행의무
    - 사업주와 근로자는 각자가 근로계약, 취업규칙, 단체협약을 지키고 성실하게 이행하여야 함
11. 기 타
    - 이 계약에 정함이 없는 사항은 근로기준법령에 의함

                        년   월   일

(사업주) 사업체명 :   (전화 :   )
(사업주) 주   소 :
(사업주) 대 표 자 :   (서명)

(근로자) 주   소 :
(사업주) 연 락 처 :
(사업주) 성   명 :   (서명)

02

김신입이 근로계약을 체결하면서 배치된 부서를 확인해 보니 경영지원 팀이었다. 근로계약서 체결 후 정팀장은 김신입을 경영지원 팀으로 데리고 가서 팀원들에게 소개해 주었다.

"여러분, 잠깐 주목! 오늘부터 우리 부서에서 함께 근무할 신입 사원입니다. 김신입씨 간단하게 자기 소개하세요."라며 정팀장은 김신입을 바라보았다. 김신입은 긴장되었지만 당당하게 자기소개를 하였다.

"이번에 새로 입사한 김신입입니다. 아직 모르는 것이 많으니 많은 가르침 부탁드리겠습니다." 팀원들이 박수로 김신입을 환영해 주었다.

정팀장은 황대리 옆자리로 김신입을 안내해 주었고, 황대리에게 업무에 최대한 빨리 적응할 수 있게 도와줄 것을 요청했다.

"입사를 축하해요. 나는 황대리라고 해요."

"대리님, 잘 부탁드립니다."

김신입은 황대리에게 공손하게 인사를 했다.

그동안 팀의 막내였던 황대리도 김신입 들어오자 기쁜 표정을 지으며 인사를 하고, 바로 간단한 업무를 주었다.

"나이도 나보다 어린 것 같으니 말 편하게 할게요. 뭐부터 해 볼까?

아, 맞다. 팀장님이 아르바이트 근로계약서를 작성해서 보고하라고 하셨는데, 김신입씨가 하면 되겠네. 한번 해 봐. 모르는 것이 있으면 물어보고……." 김신입은 인사를 하자마자 업무를 받아서 조금 당황되었지만, 신입사원의 패기로 열심히 해 보자고 결심하며 관련 내용을 먼저 확인해 보았다.

자료를 찾아보면서 확인한 것은 아르바이트의 경우에도 근로계약서를 작성해야 하며, 아르바이트 근로계약서의 기본적인 사항은 김신입이 자신의 근로계약서를 작성하면서 확인하였던 '01. 근로계약서 작성하기'의 내용이 대부분 적용된다는 것이었다.

다만, 아르바이트는 통상 단시간 근로를 하는 것이 일반적이기 때문에 법에서 정한 단시간 근로에 따른 차이점을 확인하는 것이 필요하였다.

단시간 근로자의 개념

—

우리가 흔히 아르바이트라고 말하고 있는 근무 형태는 정규직과 같은 통상근로자보다 근무시간과 근무기간이 짧은 형태로, 법적 용어로는 「기간제 및 단시간근로자 보호 등에 관한 법률」에서 규정하고 있는 것과 같이 '단시간 근로자'라고 표현한다.

단시간 근로자의 근로조건

—

단시간 근로자의 근로조건은 근로시간에 비례하여 보호하는 것을 원칙으로 한다. 즉, 정규직과 같은 통상근로자의 근로조건과 비교하여 근로시간의 비율에 따라 그 부분만큼만 차이를 두는 것은 가능하나 근로시간 비율보다 더 불리하게 대우하는 것이 금지된다.

이와 관련하여 근로기준법은 '단시간 근로자의 근로조건 결정기준 등에 관한 사항'을 정하고 있는데, 주요 내용은 다음과 같다.

단시간 근로자의 근로조건 결정기준 등에 관한 사항

1. 근로계약의 체결
단시간 근로자를 고용할 경우에 임금, 근로시간, 그 밖의 근로조건을 명확히 적은 근로계약서를 작성하여 근로자에게 교부하도록 하고 있는데, 근로계약서에는 계약기간, 근로일, 근로시간의 시작과 종료 시각, 시간급 임금 등이 명시되어야 한다.

2. 임금계산
단시간 근로자의 임금산정 단위는 시간급을 원칙으로 하며, 시간급 임금을 일급 통상임금으로 산정할 경우 1일 소정근로시간 수에 시간급 임금을 곱하여 산정하고, 단시간 근로자의 1일 소정근로시간 수는 4주 동안의 소정근로시간을 그 기간의 통상 근로자의 총 소정근로일수로 나눈 시간 수로 한다.
또한 단시간 근로자의 경우 초과근로가 제한되는데, 초과근로를 시키고자 할 때에는 근로자의 동의를 얻되 1주에 12시간을 초과하여 근로하게 할 수 없으며, 주간 근로시간이 40시간 이내인 범위에서의 초과근로라 하더라도 통상임금의 50%를 가산하여 지급하여야 한다.

3. 휴일·휴가의 적용
단시간 근로자에게도 주휴일, 연차유급휴가를 주어야 한다. 이 경우 유급휴가는 근로시간에 비례하여 부여하면 된다. 그리고 단시간 근로자가 여성일 경우 생리휴가 및 출산전후휴가의 신청시 부여하여야 한다.

4. 취업규칙
단시간 근로자에게 적용될 별도의 취업규칙이 작성되지 아니한 경우에는 통상 근로자에게 적용되는 취업규칙이 적용되는 것이 원칙이다. 다만, 취업규칙에서 단시간 근로자에 대한 적용을 배제하는 규정을 두거나 다르게 적용한다는 규정을 별도로 둘 수도 있다.

근로기준법에서 정한 단시간 근로자의 근로조건 결정기준 등에 관한 사항 이외의 단시간 근로자의 근무조건은 통상근로자를 기준으로 적용받는 것이 원칙이다.

다만, 단시간 근로자 중에서 4주를 평균하여 1주 동안의 소정근로시간이 15시간 미만인 경우(이를 '초단시간근로자'라고 한다)에는 주휴일, 연차휴가, 퇴직급여제도가 적용되지 않으므로 유의할 필요가 있다.

일용직도 근로계약서 작성해야 할까?

03

김신입은 황대리에게 아르바이트 근로계약서를 만들어 주었고, 황대리는 그 내용을 바탕으로 일부 수정을 하여 정팀장에게 보고했다. 보고를 하고, 자리로 돌아온 황대리는 김신입에게 다시 정팀장의 업무 지시를 전달하였다.

"아르바이트 근로계약서 작성한 것은 통과가 되었는데 근로형태를 어떻게 할지 몰라서 만약을 대비해 일용직 근로계약서도 작성해 두라고 하시네. 아르바이트 근로계약서를 만들어 보았으니, 이것도 작성할 수 있겠지?"

"네!" 김신입은 작성할 수 있다고 대답은 했지만, 일용직이라는 용어도 생소하고, 어떻게 근로계약서를 작성해야 할지 몰라서 자문 노무사인 박노무사에게 일용직의 개념과 주의할 사항에 대해 확인해 보았다.

일용직의 개념
—

일용직이란 1일의 근로계약기간으로 고용되어 고용 당일에 근로계약이 종료되는 근로자이다. 즉, 하루 단위로 고용되어 일하는 근로자로 보면 된다.

일용직 근로계약서 작성의 필요성

—

일용직에 대한 개념에서 확인한 바와 같이 일용직의 근로형태를 반영하여 근로계약을 체결해야 한다면 매일 단위로 근로계약서를 작성해야 하기 때문에 그러한 번거로움을 감수하면서 근로계약서를 매일 작성해야 하는지의 문제가 발생한다.

근로기준법에서는 일용직에 대하여 특례를 두어 달리 규정하고 있지 않다. 즉, 정규직, 계약직, 아르바이트, 일용직이 모두 근로자에 해당되어 근로기준법이 적용되는 것이 원칙이다.

따라서 일용직이라고 하더라도 근로계약서를 작성해야 하며, 매일 단위로 근로관계가 설정되므로 매일 작성해야 하는 것이 원칙이다.

다만, 일용직이라고 하더라도 일정 기간 계속해서 근무하는 경우가 있다. 이 경우에는 예정된 근로계약 기간 동안의 근로계약서를 작성할 수 있을 것이고 계약직 근로계약과 비슷한 형태가 될 것이다.

참고로, 일용직을 일당직과 구분 없이 사용하는 경우가 있는데, 엄밀히 말하면 일용직은 하루 단위로 고용되는 형태라고 할 것이고, 일당직은 급여를 일당으로 책정하여 지급하는 형태이므로 개념상으로는 상당한 차이가 있다. 통상 일용직에 대하여 일당으로 급여를 책정하나 정규직이나 계약직이라고 하더라도 일당으로 급여를 책정하는 경우가 있다.

근로계약 기간은 어떻게 해야 할까?

04

　아르바이트 근로계약서, 일용직 근로계약서 등 다양한 근로계약서를 검토해 보면서 김신입은 근로계약서 작성에 대해서 어느 정도 자신감을 가지게 되었다.

　그런데 오늘 팀 회의 도중에 정팀장이 한 질문이 김신입을 당황스럽게 했다.

　"김신입씨, 계약직 2년을 초과해서 사용할 수 있는 경우가 있는데, 어떤 경우가 이에 해당하는지 알아요?"

　"거기까지는 아직······. 제가 정확하게 확인해서 보고 드리겠습니다."

　김신입은 계약직은 2년까지만 사용할 수 있다는 사실만 알고 있었고, 이러한 예외 사유가 있는지 미처 확인을 하지 못하고 있었다.

　김신입은 회의를 마치고 자리로 돌아가자마자 계약직의 근로계약 기간에 대해 자세히 알아보았다.

계약직의 계약 기간
—

　근로계약 기간이 문제되는 채용 유형은 계약직이다.

　일반적으로 계약직이라고 부르는 근로형태를 법에서는 '기간제'라고 한다. 즉, '기간제 근로'란 기간의 정함이 있는 근로계약을 체결한 근로형태를 말하는 것이다.

기간제 근로자로 사용할 수 있는 총 사용 기간은 2년으로 제한되어 있고 2년을 초과하여 사용할 때에는 기간의 정함이 없는 근로계약(무기계약)을 체결한 것으로 간주된다. 여기서 '간주'라는 표현을 사용하고 있는데, 2년을 초과하여 근로할 경우 별도의 계약체결이나 요식 행위 없이 바로 무기계약으로 된다는 것을 의미한다.

계약직에 대하여 2년을 초과하여 사용하더라도 초과 사용 자체에 대한 벌칙은 없으나 무기계약으로 전환된다. 따라서 근로관계를 종료하고자 한다면 '정당한 이유'가 있어야 사업주에 의한 일방적인 고용관계의 종료(해고)가 가능하다. 만약 계약 기간이 2년을 초과하였음에도 정당한 이유 없이 계약 기간의 만료를 이유로 근로관계를 종료할 경우 부당해고가 될 수 있다. 이 경우 고용노동부 산하의 지방노동위원회에 부당해고 구제신청을 제기하여 권리를 보장받을 수 있다.

근로계약 기간 제한의 예외
—

모든 계약직이 2년을 초과하여 근무하였다고 하여 무기계약직으로 전환되는 것은 아니다. 기간제법에 의하면 전문직 종사자, 55세 이상 근로자 등 일정한 경우 2년을 초과하여 사용할 수 있도록 하는 예외 규정을 두고 있는데, 구체적으로 다음의 표와 같다.

기간제 근로자 사용 기간 제한의 예외 사유

1. 사업의 완료 또는 특정한 업무의 완성에 필요한 기간을 정한 경우
2. 휴직 · 파견 등으로 결원이 발생하여 해당 근로자가 복귀할 때까지 그 업무를 대신할 필요가 있는 경우
3. 근로자가 학업, 직업훈련 등을 이수함에 따라 그 이수에 필요한 기간을 정한 경우
4. 고령자(55세 이상)와 근로계약을 체결하는 경우
5. 전문적 지식 · 기술의 활용이 필요한 경우[1]와 정부의 복지정책 · 실업대책 등에 따라 일자리를 제공하는 경우[2]로서 대통령령이 정하는 경우
6. 그 밖에 이에 준하는 합리적인 사유가 있는 경우로서 대통령령이 정하는 경우[3]

---

1) 1. 박사 학위(외국에서 수여받은 박사 학위를 포함한다)를 소지하고 해당 분야에 종사하는 경우
  2. 「국가기술자격법」 제9조 제1항 제1호에 따른 기술사 등급의 국가기술자격을 소지하고 해당 분야에 종사하는 경우
  3. 별표 2에서 정한 전문자격을 소지하고 해당 분야에 종사하는 경우(별표2 : 건축사, 공인노무사, 공인회계사, 관세사, 변리사, 변호사, 보험계리사, 손해사정사, 감정평가사, 수의사, 세무사, 약사, 한약사, 한약업사, 한약조제사, 의사, 치과의사, 한의사, 경영지도사, 기술지도사, 사업용조종사, 운송용조종사, 항공교통관제사, 항공기관사, 항공사)
2) 1. 「고용정책 기본법」, 「고용보험법」 등 다른 법령에 따라 국민의 직업능력 개발, 취업 촉진 및 사회적으로 필요한 서비스 제공 등을 위하여 일자리를 제공하는 경우
  2. 「제대군인 지원에 관한 법률」 제3조에 따라 제대군인의 고용증진 및 생활안정을 위하여 일자리를 제공하는 경우
  3. 「국가보훈기본법」 제19조 제2항에 따라 국가보훈대상자에 대한 복지증진 및 생활안정을 위하여 보훈도우미 등 복지지원 인력을 운영하는 경우
3) 1. 다른 법령에서 기간제근로자의 사용 기간을 법 제4조 제1항과 달리 정하거나 별도의 기간을 정하여 근로계약을 체결할 수 있도록 한 경우
  2. 국방부장관이 인정하는 군사적 전문적 지식 · 기술을 가지고 관련 직업에 종사하거나 「고등교육법」 제2조 제1호에 따른 대학에서 안보 및 군사학 과목을 강의하는 경우
  3. 특수한 경력을 갖추고 국가안전보장, 국방 · 외교 또는 통일과 관련된 업무에 종사하는 경우
  4. 「고등교육법」 제2조에 따른 학교(같은 법 제30조에 따른 대학원대학을 포함한다)에서 다음 각 목의 업무에 종사하는 경우
    가. 「고등교육법」 제14조에 따른 강사, 조교의 업무
    나. 「고등교육법 시행령」 제7조에 따른 명예교수, 겸임교원, 초빙교원 등의 업무
  5. 「통계법」 제22조에 따라 고시한 한국표준직업분류의 대분류 1과 대분류 2 직업에 종사하는

이러한 예외 사유에 해당할 경우 근무한 기간에 대해서 기간제 근로계약기간의 제한에 해당하지 않는 것으로 판단되므로 이 기간을 제외하고 근무한 기간이 2년 이상이 되어야 무기계약으로 전환될 수 있다.

지금까지 살펴본 사항을 종합해 보면, 먼저 기간의 정함이 없는 근로계약을 체결한 정규직이나 무기계약직인지, 아니면 기간의 정함이 있는 근로계약을 체결한 계약직인지부터 확인을 하고, 계약직이라고 하더라도 사용기간 제한의 예외사유에 해당하는지를 확인하여야 근로계약기간과 관련한 법적 문제를 명확히 할 수 있을 것이다.

자의 「소득세법」 제20조 제1항에 따른 근로소득(최근 2년간의 연평균 근로소득을 말한다)이 고용노동부장관이 최근 조사한 고용형태별 근로실태조사의 한국표준직업 분류 대분류 2 직업에 종사하는 자의 근로소득 상위 100분의 25에 해당하는 경우
6. 「근로기준법」 제18조 제3항에 따른 1주 동안의 소정근로시간이 뚜렷하게 짧은 단시간근로자(15시간 미만)를 사용하는 경우
7. 「국민체육진흥법」 제2조 제4호에 따른 선수와 같은 조 제6호에 따른 체육지도자 업무에 종사하는 경우
8. 다음 각 목의 연구기관에서 연구업무에 직접 종사하는 경우 또는 실험·조사 등을 수행하는 등 연구업무에 직접 관여하여 지원하는 업무에 종사하는 경우
   가. 국공립연구기관
   나. 「정부출연연구기관 등의 설립·운영 및 육성에 관한 법률」 또는 「과학기술분야 정부출연연구기관 등의 설립·운영 및 육성에 관한 법률」에 따라 설립된 정부출연연구기관
   다. 「특정연구기관 육성법」에 따른 특정연구기관
   라. 「지방자치단체출연 연구원의 설립 및 운영에 관한 법률」에 따라 설립된 연구기관
   마. 「공공기관의 운영에 관한 법률」에 따른 공공기관의 부설 연구기관
   바. 기업 또는 대학의 부설 연구기관
   사. 「민법」 또는 다른 법률에 따라 설립된 법인인 연구기관

수습기간을 둘 경우 수습기간과
수습기간 중의 임금은 어떻게 정해질까?

05

　김신입이 근로계약서 작성 업무를 하면서 근로계약서에 대한 내용을 어느 정도 알게 된 이후 자신이 회사에 입사하면서 작성한 근로계약서를 다시 보게 되었다. 그런데 근로계약서에는 입사 후 3개월 동안 수습기간이라고 명시되어 있었으며, 그 기간 동안 급여를 정상급여의 80%를 받도록 되어 있었다.

　근로계약 체결 시에는 긴장해서 이런 내용이 있었는지 명확히 확인도 못하고 서명한 것 같아 주의 깊지 못했다고 생각하며, 다음에 근로계약을 체결하게 된다면 자세히 확인을 해야겠다고 다짐하였다.

　수습기간과 관련하여 발생할 수 있는 쟁점에 대하여 명확히 확인해 보기로 하자.

수습기간을 두는 방식
—

　근로계약 체결 시 수습기간을 두는 방식은 대체로 2가지로 구분할 수 있는데, ① 단기간의 근로계약을 체결하여 해당 기간을 수습(시용)기간으로 두는 경우, ② 기간의 정함이 없는 근로자로 채용함과 동시에 일정기간의 수습기간을 두는 경우로 나눌 수 있다.

두 가지 경우 모두 수습기간에 대해 근속기간에 포함된다고 할 것이고, 일반적으로는 두 번째와 같은 방식으로 수습기간을 부여하는 경우가 많다.

수습기간 관련 쟁점
—

수습기간과 관련해서는 다음과 같은 내용들이 주요 쟁점이 될 수 있다.

첫째, 근로계약서상 수습기간의 표기와 관련하여 수습기간을 별도로 명시하지 않더라도 3개월 정도는 수습기간이라고 주장하는 경우가 있지만, 수습기간 역시 근로계약기간 등에 대한 근로조건이므로 근로계약서에 명확히 명시되어 있는 경우에 한하여 인정된다.

둘째, 수습기간의 길이와 관련하여 근로자의 담당 업무의 성질에 따라 취업규칙, 근로계약 등에 입각하여 달리 설정할 수 있으며, 해당 수습기간을 연장할 수도 있다. 따라서 수습기간을 설정할 때 업무 및 기타 제반 사정과 사회통념에 따라 수습기간을 설정하면 될 것이나, 고용노동부는 근로자의 불이익 예방차원에서 통상적으로 전체 근로계약기간이 1년 이상인 경우 수습기간을 3개월 이하로 정하도록 권고하고 있어, 대부분의 수습기간은 3개월까지만 하는 것이 일반적이다.

셋째, 수습기간 중의 임금과 관련하여 근로자의 경력 및 숙련도를 감안하여 약정한 정상적인 임금수준보다 감액 지급할 수 있도록 규정 또는 근로계약서에 명시하는 경우가 있다. 다만, 이러한 경우에도 최저임금법에 따라 1년 이상의 근로계약기간을 설정하는 경우에 3개월까지 최저임금의 90%(단순노무업무를 수행하는 자는 제외)를 최저선으로 하여 지급할 수 있으므로 수습기간에 감액 적용하는 금액이 이 금액보다 적게 정할 수는 없다.

06

김신입이 입사한 지 얼마 후 다른 부서에 결원이 발생하여 신규 직원을 채용하게 되었다. 그래서 채용공고를 내고 서류전형, 면접전형을 거쳐 최종합격자를 선정하고, 채용합격 통보를 하였으며, 1개월 뒤에 출근할 예정이었다.

그런데 채용 당시에는 업무 특성상 코로나19의 영향을 많이 받지 않을거라고 생각했는데, 코로나19의 상황이 지속됨에 따라 채용하고자 했던 부서의 업무가 줄어들어 추가 인원이 필요없는 상황이 되었다. 이에 해당 부서에서는 채용을 취소하는 것이 어떻겠느냐는 의견을 조심스럽게 제시해 왔고, 경영지원 팀에서 이와 관련한 문제점을 검토하게 되었다.

김신입은 자신도 힘들게 취업을 하여 채용 취소 통보를 받았을 때 채용 예정자가 느낄 감정을 잘 알기에 어떻게 말해야 할지 고민이 먼저 되었다.

또한, 한번도 생각해 보지 않은 일이라 어떻게 해야 할지 몰라 자문노무사인 박노무사에게 연락해서 채용 취소와 관련하여 발생할 수 있는 문제점에 대하여 자문을 받기로 하였다.

채용내정의 개념

—

사업장에서 근로자를 채용하고자 하여 선발하고 출근을 유예하는 경우가 있는데, 이를 "채용내정"이라고 한다. 실무상 채용내정은 다양한 형태로 나타날 수 있으며, ① 채용이 결정되었지만 아직 출근하지 않은 상태, 혹은 ② 일정 조건이 충족되면 채용할 것을 약속하고 대기 기간을 두는 상태 등을 들 수 있다. 양자 모두 일정한 사유가 발생하는 경우 채용을 취소할 수 있다는 여지를 둔 일종의 계약이라 볼 수 있으며, 출근 시까지는 업무를 수행하지 않는다는 점에서 수습과 차이가 있다.

채용내정 기간은 근로제공 의무가 없는 기간이라고도 볼 수 있어 재직 중인 근로자에 비해 근로기준법 일부규정이 적용되지 않는데, 구체적으로 임금, 근로시간, 휴일, 휴가 등 근로제공을 전제로 한 규정들이 적용되지 않는다. 그렇지만 균등처우, 근로조건의 명시, 해고의 제한 등 근로계약과 관련한 규정들은 적용되어야 한다.

채용내정의 형태에 따른 책임

—

실제 사업장에서 필요에 따라 채용내정 제도가 활용되고 있으며, 채용내정의 형태에 따라 사업주의 책임이나 의무가 달라질 수 있다.

① 면접시험 합격 후 채용 시기나 임금 등에 대한 구체적인 내용을 확정하지 않고 대기하였다면 근로계약이 명확히 성립했다고 보기 어려워, 근로기준법상의 책임은 발생하지 않는다. 다만 합격 후의 대기기간에 대해 다른 사업체에서 근무할 수 있었더라면 받을 수 있었던 임금 등에 대해 민사상 손해배상책임을 회사에 물을 수 있다.

② 정식 출근 전에 채용내정이 취소된 경우에도 근로계약서를 작성하였다면 계약위반, 혹은 불법행위가 성립할 수 있으며, 이에 따른 손해배상 책임을 물을 수 있다.

③ 실제 채용일이 지났음에도 출근하지 못하고 계속 대기하는 기간에 대해서는 사업주는 별도의 책임 면제 등에 대한 약정이 없는 한 손해배상 책임은 물론 임금지급의무도 부담하게 된다.

결국 채용내정 중 취소가 된 경우 정식 출근일 전과 이후로 사업주의 책임정도가 달라질 수 있다.

촉탁근로계약은 무엇인가?

.07

오늘 김신입은 모처럼 아침 일찍 출근하여 책상 정리와 사무실 청소를 하였다.

자신의 책상을 정리하다보니, 황대리의 지저분한 책상이 눈에 들어왔다.

김신입은 이왕 청소를 하는 김에 황대리의 책상도 정리해 주려고 하다가 '촉탁직 근로계약서'를 보게 되었다.

김신입은 지금까지 촉탁직이라는 말을 들어본 적이 없었다.

우리전자에도 그러한 근로형태가 있는지 궁금해진 김신입은 촉탁직이 무엇인지 그리고 촉탁직에 대한 근로계약 체결시 어떤 점을 주의해야 하는지 확인해 보기로 했다.

촉탁직 근로자의 의미
—

촉탁직이라는 말은 흔히 쓰이는 표현이 아니기 때문에 생소한 용어로 생각된다. '촉탁직'의 사전적 의미는 정부기관이나 공공단체 등에서 임시로 어떤 일을 맡아보는 직위나 직무를 말하나, 일반적으로는 사업장에서 사용되는 개념은 정년퇴직한 근로자가 회사 업무상의 필요로 일정 기간 동안 근로를 제공하도록 재채용된 경우를 말한다.

촉탁직 근로자의 경우 퇴직금이나 연차휴가 산정을 위한 근로기간 기산은 재고용된 날부터 새로 시작한다. 따라서 촉탁직 근로자로 재채용되어서 근로한 기간이 1년 미만이라면 퇴직금을 받지 못하며, 연차휴가는 15일부터 다시 시작한다.

촉탁직 근로자와 계약직 근로자의 차이
—

촉탁직 근로자와 계약직 근로자는 근로계약 기간의 정함이 있어 법적용에 있어서는 대부분 같이 적용된다고 할 것이나 촉탁직 근로자와 계약직 근로자와의 차이점을 구분한다면, 촉탁직 근로자는 정년 이후에 계약직 근로자로 새로 고용되어 기간제법의 사용 기간 제한의 예외(만 55세 이상 고령자)에 해당하나, 계약직 근로자는 계약기간이 2년을 초과할 경우 무기계약으로 전환된다.

촉탁직 근로자의 재고용 절차
—

정년 퇴직자를 촉탁직 근로자로 재고용할 경우 일반적으로 다음과 같은 절차로 진행된다.
1) 금품청산 : 정년까지의 임금, 퇴직금, 연차수당 등 지급
2) 퇴사신고 : 정년까지의 4대보험 상실신고
3) 촉탁직 근로계약서 작성 : 재고용된 시점부터 촉탁계약서 작성
4) 입사신고 : 재고용된 시점으로 4대보험 취득신고

촉탁직 근로계약관련 쟁점

—

촉탁직으로 근로계약 시 정년 이전의 책정되었던 임금과 비교하여 임금을 줄여서 근로계약을 할 수 있는지가 문제된다. 이에 대해 고용상 연령차별금지 및 고령자고용촉진에 관한 법률에 의하면 '사업주는 고령자인 정년 퇴직자를 재고용할 때 당사자 간의 합의에 의하여 임금의 결정을 종전과 달리할 수 있다.'라고 규정하고 있어 합의가 이루어진다면 가능하다고 할 것이다.

또한 앞에서 언급한 바와 같이 촉탁직 근로계약을 체결할 경우 퇴사 후 재채용으로 기존의 근로계약과는 단절된다고 할 것이므로 퇴직금, 연차휴가의 계산을 위한 계속근로기간 산정이 재고용된 촉탁근로일부터 기산된다는 점을 유의할 필요가 있다.

참고로, 정년이 초과되었음에도 정년퇴직을 시키지 않거나 촉탁근로계약을 체결하지 않을 경우 기존의 근로계약이 그대로 적용된다고 할 것이다. 따라서 이 경우에는 근로관계의 단절로 인하여 발생하는 퇴직금, 연차휴가의 단절이 발생하지 않는다.

정규직과 비정규직의 차이점

08

오랜만에 강절친으로부터 전화가 왔다.

"업무 중이지? 전화 통화 가능해?"

"어, 그래. 잠깐 통화는 가능해. 어쩐 일이야?"

"응, 내가 요즘 취업하기 위해 이력서를 내려고 채용공고를 많이 보고 있는데, 어떤 근무 형태가 비정규직인지 모르겠어. 넌 정규직과 비정규직의 개념을 구분할 수 있어?"

김신입은 친구의 질문에 자신이 알고 있는 내용이라고 생각했는데, 막상 설명하자니 어려운 부분이 있었다.

"설명을 하려고 하니 구분하기가 힘드네. 내가 확인해 보고 전화할게."

정규직이나 비정규직이라는 표현은 주변에서 흔히 들어볼 수 있다.

그러나 막상 비정규직이 무엇이냐고 물으면 알 것 같은데 설명하기 어려워하는 사람이 의외로 많다.

이러한 정규직과 비정규직의 개념을 서로의 차이점을 기준으로 확인해 보자.

정규직의 특징

—

정규직은 특별한 사정이 없는 한 정년까지 고용이 보장되어 근로계약 기간의 정함이 없고, 소정근로시간이 법정근로시간에 의하여 정해진 형태이다.

일반적으로 정규직은 다음과 같은 특징을 가지고 있다.

1) 고용한 사용자에 의하여 직접 업무 지시를 받고 업무를 수행한다.
2) 특별한 사유가 없는 한 근로계약 기간을 정하지 아니하고 정년까지 고용된다.
3) 소정근로시간은 전일제(full-time)이다.
4) 근로시간의 배분이 균일하고 근로 장소가 일정하다.
5) 임금은 일반적으로 연봉제나 월급제를 취한다.
6) 기업에서 정한 경력 개발과 승진, 교육 훈련, 사내 복지제도 등을 모두 적용받는다.

비정규직의 특징

—

비정규직은 정규직의 전형적인 근로형태에서 벗어나는 특수한 고용형태를 모두 칭하는 것으로 볼 수 있다.

비정규직의 특징으로는 다음과 같다.

1) 근로계약 기간이 정해져 있는 등 고용보장이 안 된다.
2) 근로시간의 변동이 비교적 큰 편으로, 비상시적인 업무를 수행하다보니 이러한 현상이 더욱 발생한다.

3) 기업에서 운영하고 있는 경력 개발과 승진, 교육훈련, 복리후생 혜택이 없거나 미미한 수준이다.

정규직과 비정규직의 특징 비교

구 분	정규직	비정규직
고용과 지휘명령	일원화	분리현상
고용보장	특별한 사유 없는 한 정년까지 고용보장	정해진 계약기간만 근무 (계약직)
근로시간의 길이	전일근무	통상근로자에 비해 짧음 (단시간근로자)
근로시간의 배분	균일하고, 근로 장소가 일정	근로시간 및 근무 장소 변동이 큼
노동조합 관계	법과 단체교섭에 의해 임금보장 받고, 노조에 의해 고용안정성 보장	고용안정성이 낮고 정규직 위주의 노조에 의해 배제
임금수준	주로 숙련과 근속년수에 따름	노동시장의 수급에 따름
경력개발 · 복리후생	일반적으로 경력개발과 승진, 교육훈련, 사내복지제도 등 적용	경력개발 및 복리후생 혜택 미약

"김신입씨, 요즘 불법 파견 관련 뉴스가 가끔 나오는 것 같던데, 파견과 용역에 대하여 차이점이 무엇인지 알아?"

정팀장이 김신입에게 질문하자, 김신입은 과거 학교 다닐 때 강의를 들었던 내용이라 알고 있던 내용을 답했다.

"파견근로는 근로자에게 직접 업무 지시를 할 수 있고, 도급이나 용역은 그렇게 하면 안 되는 것으로 알고 있습니다."

"그래, 기본 개념은 알고 있는 것 같군. 이번 기회에 파견과 도급이 어떠한 차이가 있는지 구체적으로 확인을 해 봐. 우리도 청소용역을 사용하고 있잖아. 운영상 문제가 없는지 확인도 해 보고……."

"네, 확인하고 보고 드리겠습니다."

파견근로의 의의 및 특징
—

파견근로란 파견근로자를 채용한 파견사업주가 파견근로자와 고용관계를 유지하면서 파견근로자를 사용할 사용사업주와 근로자파견계약을 맺고, 근로자를 파견하여 파견근로자가 사용사업주의 직접적인 업무지시를 받아 사용사업주를 위한 근로에 종사하게 하는 것이다.

파견근로의 개념에서 확인할 수 있는 바와 같이 파견근로는 일반적이고 전형적인 근로관계인 사용자와 근로자 간의 1:1의 당사자 관계가 아니라 파견사업주와 사용사업주를 사용자로 한 3자 관계이다. 따라서 3면적 당사자 관계가 성립되는데, 파견사업주와 파견근로자 간에만 고용관계가 있고, 파견사업주와 사용사업주 간에는 근로자파견계약이 존재하게 되며, 사용사업주와 파견근로자 간에는 고용관계는 없으나 파견계약의 내용에 따라 지휘·명령관계가 있게 된다.

도급근로의 의의 및 특징

—

도급이란 수급인(도급업무를 부여받아 수행하는 자)이 어떤 일을 완성할 것을 약정하고, 도급인(도급업무의 수행을 의뢰한 자)은 그 일의 결과에 대하여 보수를 지급할 것을 약정함으로써 성립하는 계약이다.

따라서 수급인이 스스로의 재량과 책임하에 자기가 고용한 근로자를 사용하여 일을 완성하고, 그 결과를 도급인에게 제공하게 된다.

즉, 도급은 근로자 파견과는 달리 수급인이 직접 고용한 근로자를 수급인이 직접 지휘·명령하여 특정한 업무를 수행하는 것이며, 근로자의 지휘·명령권은 수급인에게 있고 도급인은 수급인의 근로자에게 직접적인 지휘·명령을 하지 아니한다.

파견근로와 도급근로의 차이점

—

지금까지 확인한 파견근로와 도급근로의 개념 및 특징을 바탕으로 차이점을 확인해 보면 다음과 같다.

1) 수급인(파견사업주) 소속 근로자에 대한 지휘·명령을 누가 하는가와 관련하여, 지휘·명령을 도급인(사용사업주)이 하는 경우에는 파견근로가 되며, 수급인(파견사업주)이 하는 경우에는 도급근로가 된다.

2) 도급은 수급인(파견사업주)이 자신의 재량하에 도급인(사용사업주)이 의뢰한 일이나 제품을 완성하여 그 결과를 도급인(사용사업주)에게 제공하는 형식이라고 한다면, 파견은 일을 완성하는데 투입된 수급인(파견사업주) 소속 근로자들에게 도급인(사용사업주)이 직접 업무지시를 하여 자신이 원하는 방식으로 업무를 수행하는 형식이다.

3) 도급은 민법에 의하여 계약관계가 규정되나, 파견은 업무형태의 특수성으로 인하여 근로자파견법에 의하여 별도의 제한을 받게 된다.

10

김신입은 법적으로 근로계약서에 포함되는 것을 금지하고 있는 내용에 대하여 확인하기 위하여 자문노무사인 박노무사에게 전화를 하였다.

"박노무사님, 근로계약을 할 때 법적으로 허용 안 되는 사항이 있어요?"

"네, 근로기준법은 근로계약에 위약금 예정이나 전차금 상쇄, 강제저축 등을 금지하고 있어요."

"용어가 어렵군요. 구체적으로 설명 부탁드립니다."

"평소에 듣지 못한 용어를 처음 접할 경우 이해하기가 쉽지 않죠. 구체적으로 설명 드릴게요."

근로기준법에서 제한을 두어 허용하고 있지 않은 근로계약은 ① 위약금 또는 손해배상액 예정, ② 전차금 상쇄, ③ 강제저축과 저축금 관리이다.

사용자가 이러한 내용이 포함된 근로계약을 체결할 경우 근로기준법 위반에 해당하여 처벌받도록 하고 있다.

법에서 이러한 내용을 포함한 근로계약의 체결을 금지하고 있는 이유가 무엇인지 확인해 보자.

첫째, 위약금 또는 손해배상액 예정이 금지되는데, 「위약금」이란 채무불

이행의 경우에 채무자가 채권자에게 일정액을 지불할 것을 미리 약정하는 금액이고, 「손해배상액의 예정」은 채무를 이행하지 않았을 때 배상하여야 할 손해액을 실제 손해와 관계없이 미리 정하는 것이다. 이러한 위약금이나 손해배상액 예정을 금지하고 있는 것은 실제 손해액과 관계없이 일정한 손해배상액이나 위약금액을 미리 정하게 되면 근로자의 자유의사에 반하는 강제근로를 강요받을 수 있기 때문이다.

구체적인 예를 들어 보면, "6개월 이내에 퇴사를 할 경우에는 100만원을 위약금으로 회사에 납부하여야 한다."라는 내용을 포함한 근로계약을 체결할 경우 6개월 이내라고 하더라도 퇴사할지 여부의 결정은 근로자의 권리로 보장됨에도 회사에서 100만원을 위약금으로 납부하도록 함으로써 퇴사할 수 없도록 하여 강제근로를 시키는 것이 된다.

이러한 취지로 볼 때 근로자의 불법행위로 사용자에게 손해 발생했을 때 사용자가 손해를 받은 범위 내에서 손해배상을 청구하는 것과, 무단결근이 있는 경우 그 시간에 대한 임금을 삭감하는 것은 허용된다.

또한 손해배상의 예정금지는 근로계약 유지 기간 중에 한하므로 영업 비밀보호 계약처럼 퇴직 후의 손해배상을 예정하는 것은 근로기준법의 위반 문제와는 관련이 없다.

둘째, 전차금 상쇄가 금지되는데, 「전차금」이란 근로자가 근로계약을 체결할 때 또는 그 후 근로를 제공할 것을 조건으로 하여 사용자로부터 빌려 앞으로 지급받을 임금으로 갚을 것을 약속한 금전을 말한다. 이는 가불처럼 근로자가 갑자기 필요한 경비를 사용자로부터 전차금 등에 의해 충당하는 것 자체를 금지하는 것은 아니며 임금과 상쇄되는 것이 금지된다.

셋째, 강제 저축과 저축금 관리 금지는 사용자가 근로자로 하여금 임금의 일정액을 강제로 저축하게 하고 반환을 어렵게 함으로써 근로자를 사업장에 구속시키는 결과를 가져올 수 있기 때문에 이를 방지하기 위한 것이다.

사용자가 이러한 내용을 포함하여 근로계약을 체결하려고 할 경우 이러한 내용의 무효임을 주장하여 삭제해 줄 것을 요청하는 것이 필요하다.

그럼에도 삭제해 주지 않을 경우에는 고용노동지청에 고소를 할 수 있으며, 이 경우 500만원 이하의 벌금에 처해질 수 있다.

2개의 회사에 이중 취업이 가능한가?

11

김신입이 업무를 하고 있는데, 전화가 왔다.

"영업 팀 이팀장입니다. 저희 팀 팀원 중에 업무 시간이 아닌 주말을 이용해서 다른 사업장에서 아르바이트를 할 수 있는지 물어보는데, 가능한가요?"

"그렇게 하면 이중 취업이 되는데, 우리 회사는 허락 없이 이중 취업을할 수 없도록 하고 있는 것으로 알고 있습니다. 사규를 확인해 보고 연락드리겠습니다."

김신입은 전화를 끊고, 사규를 찾아보면서 관련 내용에 대하여 검토하기 시작하였다.

'이중 취업'이란 한 사업장에 재직하면서 다른 사업을 영위하거나 타 기업에 취업하는 것이다.

근로기준법에서는 근로계약을 체결할 때에 임금, 소정근로시간, 주휴일, 연차유급휴가, 그 밖의 근로조건에 대하여 명시하도록 하고 있으며, 또한상시 10인 이상의 근로자를 사용할 경우 취업규칙을 작성·신고하도록 하고, 그 취업규칙에 포함하여야 할 내용 중 '근로자의 표창과 제재에 관한사항'을 규정하도록 하고 있으나, 이중 취업관련 어떻게 할 것인지에 대한 명시적인 규정은 없다.

판례에 의하면 근로자가 다른 사업을 겸직하는 것은 근로자의 개인능력에 따라 사생활의 범주에 속하는 것이므로 기업질서나 노무제공에 지장이 없는 겸직까지 전면적·포괄적으로 금지하는 것은 부당하다고 판시하고 있다. 따라서 겸업을 하게 됨으로써 근로계약을 불성실하게 이행하거나 경영 질서를 해치는 경우, 기업의 대외적 이미지를 손상하는 경우 등을 예상한 취업규칙 상의 이중 취업 금지규정은 효력이 인정될 수 있다.

이와 관련한 고용노동부 행정해석에 따르면 근로자의 이중 취업으로 인하여 사업장에서 피해를 입었을 경우 해당 근로자에 대한 시정요구, 제재(징계사유, 징계절차 등) 등에 대하여는 위에서 확인한 바와 같이 근로기준법에서 특별히 규정한 바가 없으므로 근로계약서, 취업규칙 등에 규정을 두어 제재할 수 있다고 판단하고 있다.

따라서 이중 취업을 하기 전에 회사의 취업규칙 등을 확인하여 이중 취업을 제한하고 있지는 않은지 파악할 필요가 있다. 만약 취업규칙 등에서 이중 취업을 제한하는 경우 이중 취업으로 징계처분을 받을 수 있기 때문에 이중 취업하기에 앞서 회사와 협의하여 이중 취업을 하더라도 문제가 없는지 확인받는 것이 필요하다.

반대로 이중 취업에 대한 제한 규정이 없다고 한다면 이중 취업을 하더라도 이를 이유로 바로 징계처분을 받기에는 한계가 있다.

참고로 중앙노동위원회에서 이중 취업에 대한 징계의 정당성을 판단하는 기준으로 1) 사용자의 묵인 여부, 2) 다른 직원의 업무 부담 증가와 업무정체 유무, 3) 다른 회사의 취업 시간 및 기간의 장단, 4) 다른 직원의 작업의욕 감퇴가 있었는지 여부, 5) 근로자의 각별한 사정 유무, 6) 기업의 경영 질서를 해쳤는지 여부 등을 제시하고 있다.

회사가 취업방해를 할 수 있나요?

우리전자는 경력직을 채용할 때 평판 조회 결과를 참고하여 채용여부를 결정하고 있다.

황대리가 전화 통화를 하더니 황당해 하며 김신입에게 하소연하였다.

"지원자 중에 평판 조회를 하는 것이 취업방해가 아니냐는데…… 별 이상한 전화를 다 받아보네."

"평판 조회를 할 때 지원자들에게 동의를 받고 하는데 그것도 문제가 될 수 있나요, 대리님?"

"나도 입사할 때 그렇게 했는데, 그것이 뭐가 문제가 된다고 확인을 하는지 모르겠어."

"혹시 모르니까, 박노무사님께 전화해서 물어볼까요?"

"그래, 한번 확인하고 넘어가자. 연락해서 자문 받고 공유해 줘."

취업방해 금지 규정
—

누구든지 근로자의 취업을 방해할 목적으로 비밀기호 또는 명부를 작성·사용하거나 통신을 하여서는 안 된다고 근로기준법에 명시되어 있으며, 이를 위반할 경우 5년 이하의 징역 또는 5천만 원 이하의 벌금에 처하도록 하고 있다. 이는 근로자가 사용자 또는 제3자에 의해 조직적으로 취업을 방해받지 않도록 보장하기 위해서이다.

취업방해가 금지되는 사람은 특정한 신분이나 지위·자격 등에 관계없이 모든 사람이 된다. 따라서 사용자와 근로자는 물론 제3자도 모두 포함된다.

취업방해 금지 요건
—

취업방해금지의 요건으로 1) 취업방해 목적, 2) 비밀기호 또는 명부를 작성·사용 또는 통신하는 것이다.

첫째, 취업방해 금지의 위반죄는 목적범이므로, 명부의 작성·사용이나 통신행위라는 객관적 구성요건 이외에 행위자의 주관적인 취업방해의 목적이 필요하다. 이러한 목적이 있었느냐 하는 것은 구체적인 사실관계에 따라 판단되어야 하나, 직접적으로 취업방해의 효과가 나타난 경우뿐 아니라 취업방해의 목적이 있음이 객관적으로 입증되는 경우도 포함된다.

둘째, 비밀기호 또는 명부를 작성·사용하거나 통신을 할 경우 취업방해라고 할 것이다. 여기서 '비밀기호'는 타인이 알아보기 어렵도록 표시한 것이고, '명부'는 1명 이상의 성명이 기재된 문서를 의미한다. 비밀기호 또는 명부에 기재될 사항은 근로자의 취업관련 사실뿐 아니라 사회적 신분, 노동조합 활동상황 등에 관한 기록도 해당되며 기재내용의 허위여부와 관련이 없다.

'작성'은 비밀기호, 명부를 만드는 행위이며, '사용'은 취업방해의 결과가 나타나도록 하는 행위로서 계획적이고 조직적으로 보관하고 있는 상태까지 포함된다. '통신'은 타인에게 우편, 전화 등 통신수단으로 명부를 주고받는 행위로서 명부를 보내는 행위는 물론이고 배포를 요청하여 전달받은 행위도 해당된다.

평판 조회의 취업방해 해당여부

—

경력직 근로자를 채용할 때 일반적으로 행해지는 평판 조회가 취업방해 금지에 해당하는지와 관련하여 살펴보면, 취업방해금지는 목적범이므로 명부의 작성·사용이나 통신행위라는 객관적인 구성요건 외에 행위자의 주관적인 취업방해의 목적이 존재해야 한다. 따라서 단순히 경력조회 등 평판 조회를 했다는 사실이 취업방해에 해당하지는 않는다.

다만, 경력조회가 단순히 사실관계의 확인이라면 취업방해로 볼 수 없으나, 이러한 정보는 개인정보에 해당하여 본인의 동의 없이 타인에게 제공된다면 개인정보보호법 위반이 될 수 있다.

주제 2

취업규칙,
반드시 확인하자

주제 2에서 알아볼 내용은 다음과 같다.

01. 취업규칙은 무엇인가?

02. 취업규칙은 모든 회사에 다 있을까?

03. 취업규칙을 개정한다고 사인하라고 하는데
    서명해야 할까?

04. 취업규칙과 단체협약 또는 근로계약서의 내용이
    다를 경우 어떤 것이 적용될까?

"그동안 근로계약에 대한 업무를 수행하면서 근로계약서 작성은 이제 어느 정도 하겠지?"

황대리가 김신입과 커피를 같이 마시며 업무 관련 이야기를 하고 있다.

"네, 이제 근로계약서 작성에 대해서는 어떤 업무가 주어지더라도 잘 할 수 있다고 생각합니다."

"그래, 신입씨처럼 열심히 하면 잘 할 수 있을 거야."

"황대리님, 근로계약서 다음으로 어떤 것에 대해서 공부를 한다면 업무하는데 도움이 될까요?"

"음, 취업규칙이 아닐까?"

"취업규칙이요?"

"우리 회사에 근무하는 직원이라면 회사 취업규칙이 어떻게 규정되어 있는지 알아야 돼. 취업규칙이 인트라넷에 있으니 한번 확인해 봐."

김신입은 바로 자리로 돌아가 취업규칙에 대해서 알아보기 시작했다.

취업규칙의 개념
—

취업규칙은 취업규정이라고도 하는데, 각 사업장에서 근로자가 준수해야 하는 취업상의 규율과 직장 질서 및 근로조건에 대한 구체적인 사항을 정한 규칙이다.

취업규칙은 근로기준법 제93조의 내용을 포함하고 있는 규정으로, 형태는 취업규칙이라는 하나의 규정으로 만들 수도 있고, 인사규정, 보수규정, 복무규정 등 여러 개로 구분하여 만들 수도 있다.

취업규칙은 사용자가 일방적으로 작성하는 규범이지만 근로조건을 통일적·획일적·공통적으로 규정하는 것이므로, 사용자와 근로자 간의 관계에서 가장 중요한 내부규범으로 작용한다.

취업규칙의 내용과 형식
—

취업규칙은 근로조건과 복무규율에 관한 내용을 포함하는 규정이다.

여기서 '근로조건'이란 사용자와 근로자 사이의 근로관계에서 임금, 근로시간, 해고, 그 밖에 근로자의 대우에 관하여 정한 조건을 말하며, '복무규율'이란 근로자가 근로를 제공하는 과정에서 지켜야 할 질서에 관한 규칙과 이를 위반한 경우에 대한 제재를 포함한다.

근로기준법에 규정된 취업규칙 작성사항

1. 업무의 시작과 종료 시각, 휴게시간, 휴일, 휴가 및 교대 근로에 관한 사항
2. 임금의 결정 · 계산 · 지급 방법, 임금의 산정기간 · 지급시기 및 승급에 관한 사항
3. 가족수당의 계산 · 지급 방법에 관한 사항
4. 퇴직에 관한 사항
5. 「근로자퇴직급여 보장법」 제4조에 따라 설정된 퇴직급여, 상여 및 최저임금에 관한 사항
6. 근로자의 식비, 작업 용품 등의 부담에 관한 사항
7. 근로자를 위한 교육시설에 관한 사항

8. 출산전후휴가 · 육아휴직 등 근로자의 모성 보호 및 일 · 가정 양립
지원에 관한 사항
9. 안전과 보건에 관한 사항
9의2. 근로자의 성별 · 연령 또는 신체적 조건 등의 특성에 따른 사업장
환경의 개선에 관한 사항
10. 업무상과 업무 외의 재해부조에 관한 사항
11. 직장 내 괴롭힘의 예방 및 발생 시 조치 등에 관한 사항
12. 표창과 제재에 관한 사항
13. 그 밖에 해당 사업 또는 사업장의 근로자 전체에 적용될 사항

취업규칙의 형식과 관련하여 사규, 인사규정, 복무규정 등 명칭에 관계 없이 규율하고 있는 내용이 근로조건이나 복무규율에 관한 것이라면 취업규칙에 해당한다.

취업규칙은 사용자가 근로자에게 근로조건을 통일적으로 적용하기 위하여 작성하는 것이 원칙이지만, 그렇다고 하여 반드시 모든 근로자에 대하여 하나의 취업규칙이 적용되어야 하는 것은 아니다.

따라서 업무특성에 따라 근로조건을 구분하여 운영할 필요가 있는 사업 장에서는 근로조건·근로형태 또는 직종 등의 특수성에 따라 근로자 일부 에 적용되는 별도의 취업규칙을 작성하여 운영하는 경우가 있다.

다만, 근로자 일부만을 적용대상으로 하는 취업규칙이 여러 개 작성되 어 있는 경우에 성별, 국적, 신앙, 사회적 신분 등을 이유로 차별적 근로조 건을 정할 수 없도록 하고 있다.

02

김신입이 취업규칙을 확인해 보면서 문득 든 생각은 '모든 회사에 취업규칙이 다 있을까?'였다. 대학생때 아르바이트 했던 편의점에서는 취업규칙이라고 들어본 적이 없었다.

어떤 기준으로 취업규칙의 작성의무가 있는지, 그리고 회사가 본사와 지사로 구분되어 있을 때 취업규칙을 어떻게 관리해야 할지 등에 대해서 확인해 보자.

취업규칙 작성의무
—

취업규칙은 사업장에서 근로자에게 적용되는 근로조건 또는 당사자가 준수하여야 할 경영규범에 관하여 사용자가 일방적으로 정한 통일적이고 획일적인 규칙으로, 상시 10인 이상의 근로자를 사용하는 사업장에서 의무적으로 작성하고 고용노동부에 신고하여야 한다. 만약 상시 근로자가 10인 이상임에도 취업규칙을 작성 및 신고하지 않을 경우 500만원 이하의 벌금 처분을 받을 수 있다.

상시 10인 이상의 의미

취업규칙은 상시 10인 이상의 근로자를 사용하는 사업장에서 작성할 의무가 있는데, 여기서 「상시」라 함은 때때로 10인 미만이 되는 경우가 있어도 상태적으로 보아 10인 이상이 되는 경우를 말하는 것으로 계약직·일용직·시간제 근로자 등을 모두 포함하며, 아래의 표와 같이 계산할 수 있다.

상시 근로자수 계산방법

$$상시\ 근로자수 = \frac{일정사업기간\ 내에\ 사용한\ 근로자의\ 연인원수}{일정사업기간\ 내의\ 사업장\ 가동일수}$$

회사가 여러 개의 장소로 분리되어 사업을 수행할 경우

회사가 여러 개의 사업장으로 분리되어 업무를 수행하고 있을 수도 있다. 이 경우에는 다음의 두 가지의 사례로 나누어 볼 수 있다.

사례 1 하나의 회사가 2 이상의 사업장으로 구성되어 있고 각 사업장 단위로는 상시 근로자수가 10인 미만이나 각 사업장을 합한 회사 전체로는 10인 이상일 경우이다. 이 경우 취업규칙의 작성의무와 관련하여 원칙적으로는 각 사업장의 사업의 동질성 여부에 따라 달라질 수 있다. 즉, 사업의 동질성이 인정될 경우에는 10인 이상으로 보아 취업규칙을 작성·신고하여야 하므로 취업규칙이 존재한다고 할 것이다.

사례 2 하나의 회사이나 지점·공장에 각각 10인 이상의 근로자가 근무하고 있는 경우 원칙적으로 각각 취업규칙을 작성하여 그 지역을 관할하는 지방노동관서에 취업규칙을 신고하여야 한다.

다만, 지점·공장의 소재지가 같은 지방노동관서의 관할지역 내에 있고 같은 취업규칙을 작성하여 적용하고 있다면 하나의 취업규칙만 신고하면 된다.

따라서 어떤 사례에 해당하는지에 따라 취업규칙이 각각 별도로 존재할 수도 있고, 하나로 존재할 수도 있으므로 유의할 필요가 있다.

상시 10인 미만인 사업장에서 취업규칙이 있는 경우
—

회사의 상시 근로자수가 10인 미만인 경우에는 취업규칙을 만들지 않더라도 법위반이 아니므로 이러한 사업장에는 취업규칙이 없을 수 있다.

10인 미만의 사업장에서 취업규칙 작성의무가 없음에도 취업규칙을 작성하였다면 지방노동관서에 신고의무는 없으나 당사자가 이를 준수하고 이행할 의무는 발생한다.

다만, 상시 근로자 4명 이하인 사업장에서는 취업규칙을 작성·적용하고 있다고 하더라도 취업규칙의 변경절차와 취업규칙의 효력규정은 적용되지 않는다.

취업규칙을 개정한다고 사인하라고 하는데 서명해야 할까?

03

"황대리, 최근 노동법이 많이 바뀐 것 같던데 우리 회사 취업규칙도 변경해야 하는 것 아냐?"

"네, 팀장님. 취업규칙 개정작업을 해야 할 것 같아 준비하고 있었습니다. 준비되는 대로 보고하겠습니다."

황대리는 정팀장에게 이렇게 말하고는 자리로 돌아와 김신입에게 업무를 전달하였다.

"지난번에 말했듯이 취업규칙 보고 있지? 이왕 보는 거, 취업규칙에서 개정할 필요가 있는 사항이 무엇인지도 확인해 봐. 취업규칙 개정하려면 직원 동의도 받아야 하는데, 다 하려면 바쁘겠는 걸?"

"대리님, 직원 동의를 받는다는 것이 직원들의 서명을 받아야 한다는 말인가요?"

"그렇지. 취업규칙을 불이익하게 변경할 때 과반수이상의 직원 동의를 받는 것으로 알고 있는데, 이 절차도 구체적으로 확인해 봐"

"네, 확인해 볼게요."

김신입은 대답을 하면서도 정팀장이 황대리에게 업무를 시킨 것 같은데, 자기 일이 된 것만 같아 뭔가 찜찜한 기분이 들었다.

취업규칙 개정 시 근로자 과반수의 의견 청취 또는 동의 필요

—

취업규칙을 작성 및 변경할 때에는 근로자 과반수로 조직된 노동조합이 있는 경우에는 노동조합의 의견을 들어야 하고, 그러한 노동조합이 없는 경우에는 근로자 과반수의 의견을 들어야 한다. 다만, 기존의 취업규칙을 개정하면서 취업규칙을 불이익하게 변경하게 될 경우에는 근로자 과반수로 조직된 노동조합 또는 근로자 과반수의 '동의'를 받아야 한다.

이러한 취업규칙 작성 및 변경관련 의견청취 또는 동의절차가 필요하므로 회사에서는 취업규칙 개정 시 개정될 내용에 대하여 소속 근로자들에게 설명을 하고 의견청취 또는 동의하였음을 확인 받기 위하여 서명을 요구하게 된다.

취업규칙 제정 시 의견 청취는 동의의 개념이 아니기 때문에 서명의 의미가 크지 않으나, 취업규칙 불이익 변경 시 동의를 위한 서명은 충분히 이해하고 내용을 확인한 이후에 서명여부를 결정하여야 한다.

취업규칙 개정이 불이익한 변경인지 여부 판단

—

취업규칙의 변경 시 의견 청취의 대상인지 아니면 동의의 대상인지를 판단하기 위해서는 불이익하게 변경되는 것인지를 판단하는 것이 중요하다. 취업규칙의 변경이 불이익변경인지 여부와 관련하여 판례와 고용노동부 행정해석은 사회통념상 합리성에 따라 불이익변경 여부를 결정하는 객관적 기준의 입장을 취하되, 취업규칙의 변경이 사회통념상 합리성이 있느냐의 여부나 근로자에게 불리한가의 여부는 변경의 취지와 경위, 해당 업무의 성질, 취업규칙 각 규정의 전체적인 체제 등 제반사정을 종합하여 판단하도록 하고 있다.

구체적으로 취업규칙의 불이익변경인지 여부가 애매한 경우 불이익변경인지 판단하는 기준을 보면 다음과 같다.

1) 복수의 유사한 근로조건 간에 근로조건의 저하와 개선이 섞여 있을 때는 각 근로조건의 성격 등을 종합적으로 고려하여 불이익한지를 따지면 된다.
2) 취업규칙의 변경이 일부 근로자에게는 유리하고 일부 근로자(적용대상 근로자 중 한 사람이더라도)에게는 불리한 것처럼 근로자들 사이에 이해가 갈리는 경우에는 불이익한 변경으로 본다.
3) 기존 제도보다 근로자에게 불리한 제도를 도입하는 경우라도 근로자에게 선택권이 보장된 제도를 도입하는 경우이거나, 종래의 규정이 불명확하거나 포괄적이어서 내용을 개념적으로 세분화하여 구체화하는 차원에서 취업규칙 내용을 변경하는 경우에는 불이익한 변경으로 보지 않는다.

취업규칙 변경 동의 방식
—

취업규칙의 변경이 불이익 변경인지를 판단하는 기준시점은 취업규칙의 변경이 이루어진 시점이다.

취업규칙의 불이익변경시 요구되는 근로자 과반수의 동의는 근로자들의 집단적 의사결정방식 또는 회의 방식에 의한 동의를 의미한다. 따라서 근로자 개별적으로 회람하고 서명을 하는 방식으로 근로자 과반수의 찬성을 얻었더라도 취업규칙의 불이익변경시 요구되는 근로자 과반수의 집단적 의사결정방식에 의한 동의를 얻은 것으로 볼 수 없다.

다만, 취업규칙의 불이익 변경이 아닌 경우로, 예를 들어 취업규칙 변경이 변경 전 취업규칙에서 근로자의 휴직사유 및 병가사유 등을 구체화한 것이라면 취업규칙의 불이익한 변경으로 볼 수는 없기 때문에 근로자 과반수의 집단적 의사결정 방식에 의한 동의가 아닌 근로자 개인별 회람 형식의 의견수렴으로도 취업규칙 변경이 가능하다.

취업규칙 개정을 위한 서명은 자유롭게 판단하여 결정하자!
—

회사에서는 취업규칙을 변경하기 위한 목적이 있을 것이다. 이러한 목적을 달성하기 위하여 취업규칙에 서명하라고 할 수도 있다.

그러나 취업규칙 개정을 통하여 도입된 제도는 향후 나와 동료들의 근무조건의 결정에 있어 기준으로 작용하게 된다. 따라서 취업규칙 개정으로 어떠한 불이익이 발생할 수 있는지 충분히 고민하고 동의할지 여부를 판단하여야 할 것이다.

04

황대리가 커피를 가져와 김신입에게 주면서 물었다.

"취업규칙 검토해 보니 어렵지?"

"네, 취업규칙 내용도 많고 용어도 쉽지 않은 것 같습니다."

"취입규칙 개정에 있어서 주의할 사항에 대해서 한 가시 말해줄까?"

"네, 그게 뭔데요?"

"우리 회사는 노조가 있으니까, 단체협약이 있어. 취업규칙의 내용을 단체협약과 연계해서 작성해야 해."

황대리는 자신이 알고 있는 것을 자랑하듯 김신입에게 말하였다.

"아, 그렇군요. 그러면 취업규칙을 개정할 때 단체협약과 근로계약서에 기재된 내용을 같이 검토해야겠군요. 서로 달리 규정되지 않게……."

"하하, 그렇지. 신입씨는 하나를 알려주면 열은 몰라도 둘은 아는 것 같네."

취업규칙과 법령·단체협약의 관계
—

취업규칙의 내용은 법령의 내용에 위반하여 규정할 수 없으며, 법령에 위반하여 규정하더라도 그 해당 부분은 무효가 된다.

또한 취업규칙의 내용 중 법령에 위반되어 무효로 된 부분은 법령의 내용으로 대체되어 적용되고, 단체협약에 위반되어 무효로 된 부분도 단체협약의 내용으로 대체되어 적용된다.

참고로, 고용노동부 장관은 법령 또는 단체협약에 어긋나는 취업규칙에 대해서는 변경명령을 할 수 있고, 사업주가 변경명령에 따르지 않는 경우에는 500만원 이하의 벌금에 처하도록 하고 있다.

단체협약과 취업규칙간 효력관계를 보면, 아래와 같이 3가지 유형으로 구분할 수 있다.

1) 단체협약의 규정보다 취업규칙이 불리하게 변경된 경우

근로자의 과반수로 조직된 노동조합이 있는 경우에는 그 노동조합이 취업규칙 불이익 변경의 동의 주체이고 취업규칙 불이익 변경에 동의하였다는 것은 변경된 근로조건을 적용받는데 동의한다는 것으로 볼 수 있다. 따라서 비조합원뿐만 아니라 해당 노동조합의 조합원에게도 단체협약이 아닌 불리하게 변경된 취업규칙이 적용된다.

반면 근로자의 과반수로 조직된 노동조합이 없는 경우에는 그 노동조합은 취업규칙 불이익 변경의 동의주체가 아니며 단체협약에 정한 근로조건에 위반하는 취업규칙은 무효이므로, 단체협약의 유효기간 내에는 취업규칙의 변경에도 불구하고 해당 조합원은 단체협약에서 정한 근로조건이 적용된다.

2) 단체협약의 규정보다 취업규칙이 유리하게 변경된 경우 취업규칙, 단체협약 등 근로자에 대한 집단적 규율을 목적으로 하는 규범 상호간에는 '유리조건 우선 원칙'이 적용되지 않으므로(단체협약이 우선 적용), 원칙적으로 유리한 취업규칙이 있더라도 상위규범인 단체협

약에서 정한 근로조건이 적용된다.

다만, 단체협약이 취업규칙과 동일한 수준의 근로조건으로 개정될 것
등을 고려하여 사용자가 조합원에게도 유리하게 변경된 취업규칙을
적용하는 것은 가능하다.

3) 취업규칙에 정한 근로조건보다 불리하게 단체협약이 변경된 경우

협약자치의 원칙상 노동조합이 근로조건을 변경하는 내용의 단체협
약을 체결하였다는 것은 유·불리를 막론하고 단체협약에 정한 근로
조건을 적용받겠다는 의사를 표현한 것이므로 단체협약이 적용된다.

취업규칙과 근로계약의 관계
—

취업규칙과 근로자 개인별로 체결한 근로계약의 관계를 보면, 취업규칙
의 내용보다 불리한 근로조건을 정한 근로계약은 그 부분에 대해서는 무
효이며, 이 경우 무효로 된 부분은 취업규칙에서 정한 기준에 의한다.

반면 근로계약상의 근로조건이 취업규칙보다 유리한 경우에는 '유리조
건 우선 원칙'에 의해 근로계약의 내용이 취업규칙의 내용보다 우선 적용
된다.

주제 3

임금,
제대로 알고 받자

주제 3에서 알아볼 내용은 다음과 같다.

통상임금을 이해하자

01

김신입은 회사에서 매년 성과평가를 하여 지급하고 있었던 성과급이 통상임금에 포함되지 않고 있는 것을 확인하였다. 가장 낮은 등급인 D등급을 받더라도 일정 금액을 지급하는 것으로 설계가 되어 있었다.

김신입은 궁금한 것을 그냥 넘어갈 수 없어 황대리에게 질문을 했다.

"대리님, 우리 회사에서 지급하고 있는 성과급이 통상임금에 포함되지 않는 것으로 확인되는데, 알고 계세요?"

"응, 우리 회사가 지급하는 성과급은 통상임금이 아니야."

"성과평가를 하더라도 고정적으로 지급되는 금액이 있으면 통상임금이라고 알고 있는데, 통상임금에 포함되지 않는 이유를 알 수 있을까요?"

"잘은 모르지만 예전부터 그렇게 해 왔어. 그렇게 해 온 이유가 있겠지. 그냥 해 오던 대로 하면 돼."

김신입은 황대리의 대답을 도저히 이해할 수 없어 자문노무사인 박노무사에게 통상임금의 정확한 내용에 대해서 확인해 보기로 했다.

통상임금이란?
—

통상임금의 개념은 입사 시 체결한 근로계약에서 정한 근로를 제공하면 확정적으로 지급되는 임금으로 정의할 수 있다. 통상임금의 판단은 과거의 판단기준과 달리 명칭과 관계없이 통상임금의 법적인 요건을 갖추면 모두 통상임금에 해당한다.

통상임금은 주로 연장·야간·휴일 근로에 대한 가산임금, 해고예고수당 및 연차휴가수당 등을 산정하는 기준임금으로 사용되기 때문에 통상임금이 얼마인지 여부가 상당히 중요하다.

통상임금의 요건

통상임금은 근로자가 근로계약에 따른 정상적인 근로시간에 통상적으로 제공하는 근로의 가치를 금전적으로 평가한 것이다(이를 '소정근로의 대가'라고 표현함).

또한 근로자가 실제로 근로를 제공하기 전에 미리 확정되어 있어야 한다. 그래야만 근무 도중에 실제 초과근로가 발생할 때 사전에 확정된 통상임금을 기초로 하여 가산임금을 곧바로 산정할 수 있기 때문이다.

따라서 근로의 대가로서의 임금이 ① 정기성, ② 일률성, ③ 고정성을 모두 갖추고 있어야 통상임금에 해당하므로, 회사에서 지급하는 임금항목 또는 수당의 명칭에 따라 통상임금인지 아닌지 여부를 판단할 수는 없다.

① 정기성

'정기성'이란 미리 정해진 일정한 기간마다 정기적으로 지급되는 임금이어야 한다.

따라서 어떤 임금이 1개월을 초과하는 기간마다 지급이 되더라도, 일정한 기간마다 정기적으로 지급되는 것이면 통상임금에 포함될 수 있다. 예를 들어, 정기 상여금은 월급과 달리 2개월마다 지급하는 회사도 있고, 분기마다 지급하는 회사도 있으며, 1년마다 지급하는 회사도 있다. 이처럼 상여금이 월급과는 달리 2개월, 3개월, 6개월, 1년 단위로 지급되더라도 정기적으로만 지급이 되면 정기성을 갖추었다고 볼 수 있다.

② 일률성

'일률성'은 '모든 근로자' 또는 '일정한 조건이나 기준에 달한 모든 근로자'에게 일률적으로 지급되는 것도 포함하는 개념으로, 일률적으로 지급되어야 통상임금이 될 수 있다. '일정한 조건이나 기준'은 업무 내용이나 기술, 경력 등과 같이 소정근로의 가치 평가와 관련된 조건이어야 하며, 특히 '일정한 조건'이란 시시때때로 변동되지 않는 고정적인 조건이어야 한다.

예를 들어, 모든 근로자에게 기본금액(5만원)을 가족수당 명목으로 지급하면서, 실제로 부양가족이 있는 근로자에게는 일정액(1인당 만원)을 '추가로' 지급하는 경우, 그 기본금액(5만원)은 모든 근로자에게 일률적으로 지급되는 근로의 대가와 같으므로(명목만 가족수당에 불과) 통상임금에 해당된다.

③ 고정성

'고정성'이란 초과근로를 제공할 당시에, 그 지급 여부가 업적, 성과 기타 추가적인 조건과 관계없이 사전에 이미 확정되어 있는 것이어야 고정성이 인정된다.

따라서 고정적인 임금이란, 명칭을 묻지 않고, 소정근로시간을 근무한 근로자가 다음날 퇴직한다 하더라도 근로의 대가로 당연하고도 확정적으로 지급받게 되는 최소한의 임금을 의미한다.

근로제공 이외에 추가적인 조건이 충족되어야 지급되는 임금이나, 충족 여부에 따라 지급액이 달라지는 임금부분은 고정성이 없어 통상임금이 아니다.

예를 들어, 실제 근무 성적에 따라 지급 여부나 지급액이 달라지는 '성과급'과 같은 임금이 고정성이 없어 통상임금이 될 수 없는 대표적인 경우이나, 이 경우에도 최소한도로 보장되는 부분만큼은 근무 성적과 무관하게 누구나 받을 수 있는 고정적인 것이므로, 통상임금이 될 수 있다.

또한, 판례에서는 근무일수에 따라 '일할계산'하여 임금이 지급 되는 경우에는 실제 근무일수에 따라 지급액이 달라지기는 하지만 근로자가 임의의 날에 소정근로를 제공하기만 하면 그에 대하여 일정액을지급받을 것이 확정되어 있으므로 고정적 임금으로 해석한다.

통상임금의 판단기준 종합
—

지금까지 설명한 통상임금의 요건을 종합해 보면, 통상임금이 되기 위해서는,

1) 근로계약에서 정한 근로의 대가로 지급될 어떤 항목의 임금이,
2) 일정한 주기에 따라 정기적으로 지급이 되고(정기성),
3) '모든 근로자'나 '근로와 관련된 일정한 조건 또는 기준에 해당하는 모든 근로자'에게 일률적으로 지급이 되며(일률성),
4) 지급 여부가 업적이나 성과 기타 추가적인 조건과 관계없이 '사전에 이미 확정되어 있는 것'(고정성)이어야 한다.

이러한 요건을 갖추면 명칭과 관계없이 통상임금에 해당한다.

임금유형별 통상임금 해당여부

임금명목	임금의 특징	통상임금 해당여부
기술수당	기술이나 자격보유자에게 지급되는 수당 (자격수당, 면허수당 등)	○
근속수당	근속기간에 따라 지급여부나 지급액이 달라지는 임금	○
가족수당	부양가족 수에 따라 달라지는 가족수당	× (근로와 무관)
	부양가족 수와 관계없이 모든 근로자에게 지급되는 가족수당	○
성과급	근무실적을 평가하여 지급여부나 지급액이 결정 되는 임금	× (조건에 좌우됨)
	최소한도가 보장되는 성과급	○ (최소한도 만큼)
상여금	정기적인 지급이 확정되어 있는 상여금	○
	기업실적에 따라 일시적, 부정기적, 사용자 재량에 따른 상여금 (경영성과분배금, 격려금, 인센티브)	× (사전 미확정)
특정시점 재직시에만 지급되는 금품	특정시점에 재직 중인 근로자만 지급받는 금품 (예. 명절귀향비, 휴가비)	× (근로의 대가×, 고정성×)
	특정시점이 되기 전 퇴직 시에는 근무일수에 비례하여 지급되는 금품	○

월급제인데, 내 시간급은 얼마일까?

02

"신입씨, 월급제의 경우 시간급을 어떻게 계산하는지 알아?"

황대리의 질문에 김신입은 의아해하며 대답했다.

"잘 모르겠는데요. 월급제인데 시간급을 계산할 필요가 있나요?"

"월급제라고 시간급을 계산하지 않으면 시간외근무를 해서 수당을 주어야 할 때 무엇을 기준으로 해서 지급할 거야?"

"아, 월급제라도 시간급을 계산해야 할 필요가 있군요."

통상임금 산정방법

통상임금이란 근로자에게 정기적이고 일률적으로 소정근로 또는 총근로에 대하여 지급하기로 정한 시간급금액, 일급금액, 주급금액, 월급금액 또는 도급금액을 말한다.

통상임금은 시간급으로 산정함이 원칙이다. 따라서 월급금액도 시간급으로 환산해야 한다. 왜냐하면 통상임금을 계산기초로 사용하는 근로조건(연장·야간·휴일근로 가산수당 등)이 시간단위로 산정되기 때문이다.

이와 관련하여 근로기준법 시행령에 통상임금을 시간급 금액으로 산정하는 방법에 대하여 구체적으로 다음과 같이 명시하고 있다.

통상임금 산정방법

1. 시간급 금액으로 정한 임금은 그 금액
2. 일급 금액으로 정한 임금은 그 금액을 1일의 소정근로시간 수로 나눈 금액
3. 주급 금액으로 정한 임금은 그 금액을 1주의 통상임금 산정 기준시간 수(1주의 소정근로시간과 소정근로시간 외에 유급으로 처리되는 시간을 합산 한 시간)로 나눈 금액
4. 월급 금액으로 정한 임금은 그 금액을 월의 통상임금 산정 기준시간 수(1주의 통상임금 산정 기준시간 수에 1년 동안의 평균 주의 수를 곱한 시간을 12로 나눈 시간)로 나눈 금액
5. 일·주·월 외의 일정한 기간으로 정한 임금은 제2호부터 제4호까지의 규정에 준하여 산정된 금액
6. 도급 금액으로 정한 임금은 그 임금 산정 기간에서 도급제에 따라 계산된 임금의 총액을 해당 임금 산정 기간(임금 마감일이 있는 경우에는 임금 마감 기간을 말한다.)의 총 근로시간 수로 나눈 금액

통상임금 산정기준 시간

—

통상임금은 '시간급'과 '소정근로시간 또는 통상임금 산정 기준시간 수'로 산정한다.

일반적으로 기업에서는 월급으로 임금을 결정하는 경우가 많은데, 월급 금액으로 정해진 임금에 대해서는 그 금액을 「월의 통상임금 산정기준시간 수」로 나눈 금액이 시간급 통상임금이 된다.

「월의 통상임금 산정기준시간 수」의 계산방법에 있어 법정기준시간을 소정근로시간으로 정한 경우의 계산방법은 다음과 같다.

> **월의 통상임금 산정기준시간 수 계산방법**
>
> ◈ 주 40시간 근로제
>   (40시간 + 8시간) × 365일 ÷ 7일 ÷ 12월 ≒ 209시간

내 시간급 계산

—

월 통상임금액은 실제 근로여부에 따른 임금수령액과는 상관없이 통상시급에 월 통상임금 산정기준시간수(주 40시간 근무제일 경우 월 통상임금 산정기준시간수는 209시간)를 곱하여 산정하여야 한다.

이와는 반대로 내 급여가 연봉제 또는 월급제로 월 통상임금액은 알고 있으나 시급을 모를 경우에는 다음과 같이 계산한다.

> **내 시간급 계산**
>
> ○ 소정근로시간이 주 40시간으로 가정 :
>   정기적·일률적·고정적으로 받는 월 임금 ÷ 209 = 내 시간급

다만, 월 통상임금 산정기준시간 수가 매월 다를 경우, 예를 들어 한 달은 주 40시간 근무, 다음 달은 주 35시간 근무하는 형태로 반복적으로 진행될 경우 고용노동부에서는 '월 통상임금 산정기준시간 수의 계산은 2개월 평균시간으로 계산할 수 있다' 라고 해석하고 있다.

따라서 위에서 예를 든 근무형태에 따른 월 통상임금 산정기준시간 수를 계산하면 [(209시간 + 182.5시간) ÷ 2 ≒ 196시간]이 된다.

평균임금으로 산정하는 수당

03

급여 담당자로부터 김신입에게 연락이 왔다.

"퇴직금 계산할 때 평균임금으로 하잖아요. 평균임금 산정의 기준 시점은 퇴사일을 기준으로 직전 3개월로 알고 있는데 맞나요?"

"네, 평균임금 산정 방법은 말씀하신 대로 산정사유발생일 이전 3개월의 기간을 기준으로 하죠."

"퇴직금을 계산해야 하는데, 그 기간 중에 출산전후휴가 기간이 있으면 그 기간도 포함해서 계산을 하면 되나요?"

"출산전후휴가 기간이 들어가 있으면 해당 기간의 임금이 줄어들어 평균임금 산정에서 불이익이 발생하기 때문에 그 기간을 빼야 하는 것으로 알고 있습니다. 정확하게 확인해서 알려드리겠습니다."

평균임금이란?
—

평균임금은 근로자가 정상적인 근로를 제공하지 못했거나 퇴직을 하는 경우 근로자의 정상적인 생활을 보장하기 위하여 평상시 지급된 임금을 반영하여 주기 위한 임금의 평균액이다.

통상임금이 근로자의 소정근로 또는 총근로에 대해 지급하기로 한 사전적 개념이라고 한다면, 평균임금은 통상임금에 근로자에게 추가로 지급된 가산임금 등을 합하여 산정한 임금으로서 사후적 개념이다.

평균임금 계산방법
—

평균임금은 산정하여야 할 사유가 발생한 날 이전 3월간에 지급된 임금총액을 해당 기간의 총일수로 나눈 금액을 말한다.

평균임금 계산방법

$$평균임금 = \frac{사유가\ 발생한\ 날\ 이전\ 3월간의\ 임금총액}{사유가\ 발생한\ 날\ 이전\ 3월간의\ 총일수}$$

※ 3월간의 임금총액 : 근로자에게 실제 지급된 임금 뿐만 아니라 당연히 지급되어야 할 임금 중 지급되지 않은 임금 포함

※ 3월간의 총일수 : 휴일·휴무를 포함한 달력상의 총일수

이러한 방법으로 산출된 평균임금액이 해당 근로자의 통상임금보다 저액일 경우에는 통상임금액을 평균임금으로 하도록 정하고 있다.

평균임금 산정기간 중에 아래에 해당하는 기간이 있는 경우에는 그 기간과 그 기간 중에 지불된 임금은 평균임금 산정기준이 되는 기간과 임금의 총액에서 각각 제외하도록 규정하고 있으며, 구체적으로는 다음과 같다.

평균임금 계산에서 제외되는 기간과 임금

1. 근로계약을 체결하고 수습 중에 있는 근로자가 수습을 시작한 날 부터 3개월 이내의 기간
2. 사용자의 귀책사유로 휴업한 기간
3. 출산전후휴가 기간
4. 업무상 부상 또는 질병으로 요양하기 위하여 휴업한 기간
5. 육아휴직 기간
6. 쟁의행위기간
7. 「병역법」, 「예비군법」 또는 「민방위기본법」에 따른 의무를 이행하기 위하여 휴직하거나 근로하지 못한 기간. 다만, 그 기간 중 임금을 지급받은 경우에는 그러하지 아니하다.
8. 업무 외 부상이나 질병, 그 밖의 사유로 사용자의 승인을 받아 휴업한 기간

평균임금으로 산정하는 수당
—

법에서 정한 평균임금으로 산정하는 수당은 다음과 같다.

구 분	내 용
퇴직금	계속근로연수 1년에 대하여 평균임금 30일분 이상 지급
휴업수당	평균임금의 70% 이상 (이 금액이 통상임금을 초과하는 경우에는 통상임금)
연차휴가수당	평균임금 또는 통상임금 중에서 선택
재해보상금	재해보상 유형에 따라 다름
감급액 (감봉)	1회의 액이 평균임금 1일분의 1/2을 초과하지 못함
실업급여	수급자격자의 기초일액의 60%

교통비, 경영 성과급이 평균임금에 포함될까?

04

"신입씨, 지난번에 성과급이 통상임금인지에 대해서 확인을 해 봤잖아. 역시 애매한 것은 박노무사님께 질의해서 정확하게 이해하는 것이 필요해."

황대리가 임금 관련 자료를 확인하다가 김신입에게 말했다.

"네, 박노무사님께서 친절하게 잘 설명해 주셔서 이해가 쉬웠습니다."

"그런데 말이야, 우리 회사에서는 연말에 경영 성과급도 지급하잖아. 이것도 성과급처럼 생각하면 될까?"

"제 생각으로는 연말에 지급하는 경영 성과급은 지급여부가 불투명해서 통상임금은 안 될 것 같은데, 평균임금에는 포함될지 모르겠습니다."

"이것도 명확하게 확인해 보는 것이 좋겠어."

"네, 확인해 보겠습니다."

평균임금 일반

—

평균임금이란 평균임금 산정사유 발생일 이전 3개월 동안 근로자에게 지급된 임금총액을 그 기간의 총일수로 나눈 금액을 말한다. 평균임금으로 계산하는 것으로는 퇴직금, 휴업수당, 연차휴가수당, 재해보상금, 감급액, 실업급여 등이 있다.

평균임금이 되기 위해서는 지급되는 금품이 임금에 해당되어야 하는데, 평균임금의 산정기초인 임금에 포함되지 아니하는 것으로는 1) 결혼 축하금·조의금·휴업보상금·실비변상적인 금품 등 성질상 임금이 아닌 금품, 작업복·작업화·주택설비·급식 등 복리후생으로 지급되는 현물급여, 결혼수당·사상병수당 등 돌발적인 사유에 따라 지급되거나 지급조건을 사전에 규정되었더라도 그 사유발생일이 불확정 무기한 또는 희소하게 나타나는 금품 등이 이에 해당한다.

교통비가 평균임금일까?
—

교통비가 평균임금에 해당하기 위해서는 지급 목적이 근로자들에게 근로의 대가로써 지급되어야 한다. 지급의무의 발생이 단순히 생활 보조적·복리후생적으로 지급되는 금품이거나 실비 변상적 또는 개별 근로자의 특수하고 우연한 사정에 의하여 좌우되는 경우에는 근로의 대상으로 지급된 임금으로 볼 수 없어 평균임금이 아니다.

경영 성과급이 평균임금일까?
—

1) 판단원칙

일반적으로 성과상여금이 목표달성 또는 경영이익의 발생여부에 따라 지급기준·시기·금액이 확정되는 경우에는 이익의 공유 또는 성과의 배당 성격을 가지므로 근로의 대가성이 인정되지 않는다.

그러나 취업규칙·단체협약·근로계약서 등에 성과급의 지급 조건·시기·금액 등이 사전에 정해져 있거나, 전 근로자에게 관행적으로 지급하여 사회통념상 근로자가 당연히 지급받을 수 있다는 기대를 갖고 있는 경우에는 임금에 해당한다.

2) 공공기관 경영평가 성과급

공공기관 경영평가 성과급에 대해서는 평균임금에 포함되지 않는다는 판례와 평균임금에 포함된다는 판례가 혼재되고 있으나 최근 판례는 평균임금에 포함되는 방향으로 판시가 되고 있는 경향을 보이고 있다. 공공기관 경영평가 성과급은 공공기관운영법에 근거하여 기획재정부 장관의 경영실적 평가결과에 따라 지급되고 있다. 공공기관운영법은 경영실적 평가의 절차, 경영실적 평가 결과에 따른 조치와 경영평가단의 구성·운영 등에 관하여 필요한 사항을 대통령령으로 정하도록 하고 있고, "기획재정부 장관은 운영위원회의 심의·의결을 거쳐 평가 결과에 따른 인사상 또는 예산상의 조치에 대한 건의 및 요구, 성과급 지급률 결정 등의 후속조치를 할 수 있다."라고 정하고 있다. 기획재정부 장관이 매년 발표하는 공기업·준정부기관 예산편성지침에는 공공기관 경영평가성과급의 예산 편성에 관한 내용이, 공기업·준정부기관 예산집행지침에는 경영실적 평가결과의 후속조치로서 확정된 기준에 따라 공공기관 경영평가 성과급을 산정·지급하는 구체적인 방법이 포함되어 있다.

이에 따라 대부분의 공기업과 준정부기관은 단체협약이나 취업규칙 등에 경영실적 평가결과에 따라 경영평가성과급을 지급하는 시기, 산정 방법, 지급 조건 등을 구체적으로 정하고 있다.

평균임금 산정의 기초가 되는 임금은 사용자가 근로의 대가로 근로자에게 지급하는 금품으로서, 근로자에게 계속적·정기적으로 지급되고 단체협약, 취업규칙, 급여규정, 근로계약, 노동관행 등으로 사용자에게 지급의무가 있는 것을 말하는데, 공공기관 경영평가 성과급이 계속적·정기적으로 지급되고 지급대상, 지급조건 등이 확정되어 있어 사용자에게 지급의무가 있다면, 이는 근로의 대가로 지급되는 임금의 성질을 가지므로 평균임금 산정의 기초가 되는 임금에 포함된다고 본다.

법적으로 지급하라고 정한 수당은 무엇인가?

05

정팀장이 급여대장을 확인하다가 황대리를 불렀다.

"우리 급여대장의 수당 항목이 왜 이렇게 많은 거야?"

"네, 수당 항목이 좀 많긴 하죠."

"수당 항목을 자세히 보면 성격이 비슷한 수당도 있는 것 같은데, 이렇게 복잡하게 수당 항목을 일일이 별도로 기재해야 하는 거야?"

"이번에 성격이 유사한 수당 항목을 통합 조정해 볼까요?"

"그래, 법적으로 별도로 기재해야 할 것이 아니라면 수당을 통합해서 단순하게 하는 것이 좋을 것 같은데."

"네, 신입씨와 같이 고민해 보겠습니다."

회사 규정에서 정한 수당을 보면 법에서 지급하라고 정한 수당도 있고 회사 내부적으로 필요하다고 판단하여 지급하는 수당도 있다. 법에서 정하고 있는 수당에는 어떤 것이 있는지 알고 있을 필요가 있기에 이러한 수당이 무엇이 있는지 확인해 보면, 연장근로수당, 야간근로수당, 휴일근로수당, 주휴수당, 휴업수당, 해고예고수당, 연차휴가수당 등이 대표적인 법정수당이다.

1) 연장근로수당

연장근로란 법정기준 근로시간인 1주 40시간, 1일 8시간을 초과한 근로를 말한다. 18세 미만의 연소자의 경우 1주 35시간, 1일 7시간을 초과하면 연장근로가 된다. 참고로, 근로시간 계산에 있어 지각·조퇴·휴일·휴가 등 실제 근로하지 않은 시간은 실제근로시간 산정에 포함되지 않는다.

법정기준 근로시간을 초과한 연장근로에 대해서는 연장근로가산수당으로 통상임금의 50% 이상을 가산하여 지급하여야 한다.

2) 야간근로수당

야간근로란 22 : 00시부터 06 : 00시까지 근로를 할 경우 야간근로에 해당하며, 이 시간에 대하여 통상임금의 50% 이상 가산수당을 지급하도록 하고 있다.

그 이유는 야간근로의 경우 주간근로에 비하여 근로자의 정신적·육체적 피로가 가중되고 인간의 생리적 주기에도 역행하므로 이에 대한 보상을 하게끔 한 것이다.

3) 휴일근로수당

휴일근로란 휴일로 정한 날에 근무를 할 경우 휴일근로가 되며, 이 시간에 대하여 휴일근로가산수당을 지급하도록 하고 있다. 그럼, 휴일이 무엇인지 확인해 볼 필요가 있는데, 휴일이란 ① 주휴일 등 법정휴일, ② 단체협약이나 취업규칙에 의하여 휴일로 정하여져 있는 약정휴일이 이에 해당한다.

법정휴일은 유급휴일이나, 약정휴일은 당사자의 약정에 따라 유급 또는 무급휴일 여부가 결정된다. 만약 휴일에 근로를 하는 경우 ① 8시간 이내의 휴일근로: 통상임금의 50%, ② 8시간을 초과한 휴일근로: 통상임금의 100%의 임금을 가산하여 지급하여야 한다.

4) 주휴수당

주휴일은 1주간 소정근로일수를 개근한 자에게 1일의 유급휴일을 주는 것이며, 이때 지급되는 수당이 주휴수당이다. 주휴수당은 정상근로일의 소정근로시간을 기준으로 1일 통상임금을 지급해야 한다.

참고로, 월급제나 연봉제의 경우 급여명세서에 주휴수당이 별도로 구분되어 있지 않아 주휴수당을 지급받고 있는지 의문이 들 수 있으나, 월 통상임금산정 기준시간수인 209시간 내에 주휴일의 유급분에 대한 시간도 포함되어 있어 기본급에 포함하여 주휴수당이 지급되는 것이 일반적이다.

5) 휴업수당

휴업은 근로계약을 존속시키면서 사업의 전부 또는 일부를 사용자의 결정에 의하여 일정기간 정지하는 것으로, 사용자의 귀책사유로 휴업하는 경우에 사용자는 휴업기간 동안 근로자에게 평균임금의 70% 이상의 수당을 지급하여야 한다.

다만, 평균임금의 70%에 해당하는 금액이 통상임금을 초과하는 경우에는 통상임금을 휴업수당으로 지급할 수 있다. 이 때 부득이한 사유로 사업을 계속하는 것이 불가능하여 노동위원회의 승인을 받은 경우에는 이 기준에 못 미치는 휴업수당을 지급할 수 있다.

6) 해고예고수당

근로기준법은 근로자 해고 시 해고예고를 하도록 하고 있는데, 이는 근로자가 갑자기 직장을 잃게 되어 생활이 곤란해지는 것을 예방하기 위한 것이다. 그런데 해고일로부터 30일 전에 해고예고를 하지 못할 경우 30일분 이상의 통상임금을 해고예고수당으로 지급하도록 하고 있다.

7) 연차휴가수당

연차휴가는 유급휴가이므로 근로자가 휴가 사용으로 근로를 제공하지 못하더라도 임금이 지급되도록 하고 있는데, 이를 연차휴가수당이라고 한다.

연차휴가수당은 평균임금 또는 통상임금으로 지급하도록 규정되어 있어 이 둘 중에 어느 하나의 임금으로 지급하면 된다.

다만, 현실적으로는 주로 통상임금을 기준으로 지급하고 있으며, 기본급을 산정할 때 연차휴가를 사용한 날을 공제하지 않고 지급하는 것이 일반적이라 급여명세서에 별도의 연차휴가수당을 명시하지 않고 있다.

참고로 연차휴가수당이라고 급여명세서에 명시하는 것은 정확히 말하면 '연차휴가 미사용수당'으로 연차휴가를 사용하지 못한 일수에 대하여 수당으로 지급하는 것이다. 연차휴가 미사용수당은 연차유급휴가권이 소멸된 날의 다음 날에 발생하며, 지급액은 취업규칙 등에서 정한 바에 따라 통상임금 또는 평균임금으로 지급하고, 별도의 규정이 없으면 통상임금으로 지급하되 휴가청구권이 있는 마지막 달의 통상임금으로 지급한다.

나는 주휴수당을 적법하게 받고 있을까?

06

생산 팀에 새로 입사한 신입 사원이 급여명세서를 가지고 김신입에게 찾아왔다.

"지난주에 급여 담당자가 여기서 물어보라고 해서 왔습니다. 첫 급여를 받았는데, 한 가지 궁금한 사항이 있어서요."

"네, 무엇이 궁금한가요?"

"제가 아르바이트를 할 때는 주휴수당이 별도로 지급되었는데, 이번에 받은 급여명세서에는 주휴수당이 없는 것 같아서요."

"아, 그건 시급제와 월급제의 차이 때문에 그런 것 같아요. 여기 앉으셔서 자세한 설명을 들어 보세요."

주휴일 관련 규정 및 의의

—

주휴수당은 유급 주휴일의 요건을 충족하여야 지급되는 수당이므로 먼저 주휴일에 대해서 확인해 보면, 근로기준법은 주휴일과 관련하여 '사용자는 근로자에게 1주일에 평균 1회 이상의 유급휴일을 주어야 하며, 유급휴일은 1주 동안의 소정근로일을 개근한 자에게 주어야 한다.'라고 규정하여 1주일간 개근하면 최소 1일의 유급휴일인 주휴일을 부여하도록 하고 있다.

주휴일을 둔 이유는 근로자가 근로제공의무를 벗어나 자유로운 여가를 갖도록 하여 1주간 근로로 인한 피로를 풀고 노동의 재생산을 꾀하여 생산성을 높이는 한편 사회적·문화적 생활을 할 수 있도록 하기 위한 것이다.

주휴수당 발생요건 및 주휴일 부여방법
—

유급 주휴일은 1주간 소정근로일수를 개근한 자에게 부여한다. 따라서 이러한 요건을 갖추지 못하면 주휴수당을 지급받지 못하므로, 주중에 결근한 근로자에게는 유급 주휴일을 청구할 권리가 발생하지 않고 주중 결근자가 주휴일에 근로한 경우에도 유급 휴일수당은 발생하지 않는다.

주휴일의 부여 방법과 관련하여 대부분 주휴일을 일요일로 정하고 있으나 반드시 일요일일 필요는 없으며, 취업규칙 등에 특정일을 정하여 부여할 수 있다. 특정일은 매주 같은 요일로 하는 것이 일반적이나, 교대제 등에 있어서는 근로자가 미리 예측할 수 있도록 규칙적으로 주어진다면 특정일에 휴일을 지정하여 부여한 것으로 본다.

주휴수당의 지급액
—

주휴수당은 정상근로일의 소정근로시간을 기준으로 1일분을 지급받는 것이 원칙이다. 참고로 주휴수당으로 지급되는 임금의 범위는 해당 사업장의 근로시간이 법정근로시간을 초과하는 경우에는 법정근로시간에 대한 임금으로 하고, 근로시간이 법정근로시간보다 적은 경우에는 소정근로시간에 대한 임금으로 한다.

월급제의 경우 일반적으로 기본급에 주휴수당이 포함되어 있으나, 시급제나 일급제의 경우에는 특별히 주휴수당을 분리하여 명시하지 않는 한 시급·일급금액에 주휴수당이 포함되어 있다고 볼 수 없으므로 주휴수당이 반영되어 있는지 확인해 볼 필요가 있다.

예를 들어, 소정근로시간이 1일 4시간, 주 20시간인 시급제 근로자의 경우 시급 10,000원으로 정하여 1주일간 근무하였다면 1주 근무한 시간 20시간 + 유급 주휴일 4시간 = 24시간분의 임금인 24만원을 지급받아야 한다.

다만, 주휴수당을 시급이나 일급에 포함하여 지급하는 경우도 드물게 있는데 이렇게 하기 위해서는 근로계약서상 시급 또는 일급과 주휴수당이 명시적으로 구분되어 있어야 하고, 근로자의 사전 동의를 받아야 적법하다고 할 것이다.

참고로 1주간 소정근로시간이 15시간 미만인 단시간 근로자는 주휴일이 발생하지 않기 때문에 주휴수당을 지급받을 수 없으므로 유의할 필요가 있다.

결근의 판단기준
—

주중에 지각·조퇴·외출을 할 경우 근무시간에 근무를 하지 않은 시간이 있으나 지각·조퇴·외출은 결근이 아니므로 지각 등의 횟수에 관계없이 개근으로 보고 유급주휴일은 정상적으로 발생한다.

따라서 근로자가 1일 8시간을 결근하면 유급주휴일은 발생하지 않지만 지각 등으로 근무하지 않은 시간이 1주간에 총 8시간이라고 하더라도 결근한 것은 아니므로 유급 주휴일은 정상적으로 발생한다.

나는 최저임금 이상의 급여를 받고 있을까?

07

"이번에 최저임금이 또 올랐지?"

정팀장이 김신입에게 물었다.

"네, 매년 조금씩 오르는 것 같습니다."

"조금씩 오르는 것이 아닌 것 같은데……. 최저임금이 계속 오르니 생산 직원의 경우 최저임금 부근에 있는 직원이 많아 매년 조정하는 것도 어려운 것 같아. 이번에는 몇 명 정도가 여기에 해당하지?"

"확인해 보고 말씀드리겠습니다."

"그래, 꼼꼼히 확인하여 빠진 사람이 없도록 하고, 어떻게 조정하는 것이 좋겠는지 방안도 마련해 보고……."

최저임금이란?

최저임금이란 국가가 임금의 결정에 직접 개입하여 정한 임금의 최저수 준으로 강제적으로 적용된다. 최저임금 관련 사항은 근로기준법이 아니라 최저임금법에 규정되어 있는데, 최저임금법은 근로자를 사용하는 사업 또는 사업장에 적용되므로 1인 이상 사업장에 근무하는 모든 근로자에게 최저임금이 적용된다.

다만, 수습 사용 중에 있는 자로서 수습 사용한 날부터 3월 이내인 자에게는 최저임금액의 90%를 최저임금으로 적용할 수 있다.

최저임금은 근로자의 생계비, 유사 근로자의 임금, 노동생산성 및 소득분배율 등을 고려하여 정한다. 매년 8월 5일까지 다음 연도에 적용할 최저임금을 결정하는데 한번 정해진 최저임금의 적용 기간은 매년 1월 1일부터 12월 31일까지이다.

최저임금의 효력
—

사용자는 최저임금의 적용을 받는 근로자에게 최저임금액 이상의 임금을 지급해야 하며, 최저임금을 이유로 종전에 개별적으로 정한 임금수준을 낮추어서는 안 된다.

최저임금의 적용을 받는 근로자와 사용자 사이의 근로계약 중 최저임금법을 위반하여 최저임금액에 미치지 못하는 금액을 임금으로 정한 부분은 무효가 되며, 이 경우 무효로 된 부분은 최저임금으로 지급하기로 한 것으로 보게 된다.

현재 지급하고 있는 임금이 최저임금에 위반되는지 여부를 판단하려면 ① 지급하는 임금에서 최저임금에 포함되는 임금만을 가려서, ② 이를 시간급으로 환산하여, ③ 고시된 최저임금과 비교하면 된다.

최저임금에 산입되는 임금
—

실제 지급받고 있는 임금 중 최저임금에 포함되는 임금과 포함되지 아니하는 임금이 있는데, 통상임금 관련 2013년 대법원 판례 이전에는 고용노동부의 통상임금 산정지침에 의한 통상임금과 거의 같았으나 대법원 판례가 나온 이후 구체적 상황에 따라 달리 적용되어서 포함 항목에 대하여 일부 혼란이 발생하고 있다.

최저임금 적용을 위한 임금에 산입하는 임금의 범위는, 공통요건으로 ① 단체협약·취업규칙 또는 근로계약에 임금항목으로서 지급근거가 명시되어 있거나 관례에 따라 지급하는 임금 또는 수당, ② 미리 정하여진 지급조건과 지급률에 따라 소정근로(도급제의 경우에는 총근로)에 대하여 매월 1회 이상 정기적·일률적으로 지급하는 임금 또는 수당에 해당하는 것으로 다음 중 어느 하나의 임금 또는 수당이다.

1. 직무수당·직책수당 등 미리 정하여진 지급조건에 따라 담당하는 업무와 직책의 경중에 따라 지급하는 수당
2. 물가수당·조정수당 등 물가변동이나 직급간의 임금격차 등을 조정하기 위하여 지급하는 수당
3. 기술수당·면허수당·특수작업수당·위험작업수당 등 기술이나 자격·면허증소지나 특수작업종사 등에 따라 지급하는 수당
4. 벽지수당·한냉지근무수당 등 특수지역에서 근무하는 자에게 일률적으로 지급하는 수당
5. 승무수당·항공수당·항해수당 등 버스·택시·화물자동차·선박·항공기 등에 승무하여 운행·조정·항해·항공 등의 업무에 종사하는 자에게 매월 일정한 금액을 지급하는 수당
6. 생산장려수당 등 생산기술과 능률을 향상시킬 목적으로 근무성적에 따라 매월 일정한 금액을 지급하는 수당
7. 기타 제1호 내지 제6호에 준하는 것으로서 공통요건에 해당하는 것이 명백하다고 인정되는 임금 또는 수당

2018. 5월에 정기상여금과 복리후생비를 최저임금에 반영하는 방식으로 최저임금법이 개정되어 2019. 1. 1.에 시행되었는데, 매월 1회 이상 정기적으로 지급하는 임금은 최저임금에 산입하기로 하되, 다음의 임금은 최저임금에 미산입하기로 하였다.

1. 근로기준법의 소정근로시간 또는 소정의 근로일에 대하여 지급하는 임금 외의 임금으로서 고용노동부령으로 정하는 임금(초과근로수당 등)
2. 상여금, 그 밖에 이에 준하는 것으로서 고용노동부령으로 정하는 임금의 월 지급액 중 해당연도 시간급 최저임금액을 기준으로 산정된 월 환산액의 25%에 해당하는 부분
3. 식비, 숙박비, 교통비 등 근로자의 생활보조 또는 복리후생을 위한 성질의 임금으로서 다음 중 어느 하나에 해당하는 것으로, 1) 통화 이외의 것(현물)으로 지급하는 임금, 2) 통화로 지급하는 임금의 월 지급액 중 해당연도 시간급 최저임금액을 기준으로 산정된 월 환산액의 7%에 해당하는 부분

이에 따라 매월 1회 이상 정기적으로 지급하는 상여금과 현금으로 지급하는 복리후생비의 경우 2019년에는 해당 연도 시간급 최저임금액을 기준으로 산정된 월 환산액의 25%와 7%를 초과하는 부분은 최저임금에 산입하게 된 것이다. 다만, 미산입 비율은 단계적으로 축소되어 2024년 이후에는 전부 산입하기로 정하였다.

정기상여금, 현금성 복리후생비의 최저임금 미산입 비율

연도	2019	2020	2021	2022	2023	2024
정기상여금	25%	20%	15%	10%	5%	0%
현금성 복리후생비	7%	5%	3%	2%	1%	0%

☞ 정기상여금, 현금성 복리후생비 중 해당 연도 시간급 최저임금액을 월 단위로 환산한 금액의 비율

최저임금 이상을 받는지 여부의 판단
—

내가 지금 받고 있는 급여가 최저임금 이상인지에 대해서는 다음과 같은 방법으로 확인이 가능하다. 급여명세서를 보면 임금의 항목이 있다. 이 항목 중에서 앞에서 언급한 최저임금에 산입되는 임금만을 계산해서

매년 발표된 최저임금액과 비교해 보면 된다. 계산된 임금이 발표된 최저임금액 보다 많은 것은 법위반이 아니나 최저임금액 보다 적을 경우에는 최저임금법 위반이 되고 나의 최저임금은 발표된 최저임금액으로 대체된다.

연봉계약서에 연장근로수당이 포함되어 있는데, 가능할까?

08

오랜만에 강절친으로부터 연락이 왔다.

"많이 바쁘냐?"

강절친의 목소리가 밝고 활기찼다.

"너 뭐 좋은 일 있니?"

"어, 나 취직했어. 내가 정말 가고 싶은 곳은 아니지만. 내가 찬밥 더운밥 따지게 됐냐? 허허허"

"우와~ 축하한다. 이제 백수 탈출이네. 축하주 한잔해야 하겠는 걸?"

"그래. 조만간에 시간 잡자. 그리고 나 한 가지 물어보고 싶은 것이 있어."

"응, 뭔데?"

"우리 회사는 연봉제라고 하던데 연장근로수당이 연봉계약서에 반영되어 있더라. 이렇게 할 수 있는 거니?"

"음, 그건 나도 잘 모르겠는데 우리 회사 자문노무사께 물어보고 연락해 줄게"

"응, 부탁 좀 하자. 고마워"

김신입은 박노무사께 바로 연락하여 확인하였다.

포괄임금제란?

근로계약을 체결하며 근로계약서나 연봉계약서를 작성할 때 기본급 등 통상임금을 미리 정하게 된다. 이러한 통상임금을 기초로 연장·야간 또는 휴일근로가 발생할 경우 해당 시간에 대한 가산임금 50%를 추가하여 지급하는 것이 원칙이다. 그런데 일정한 연장·야간 또는 휴일근로가 예정된 근무형태에서 기본임금을 미리 정하지 않은 채 연장근로 등에 대한 가산임금을 합하여 일정한 금액을 임금으로 정하는 경우가 있는데 이러한 경우가 원래의 의미에서의 포괄임금제이다.

포괄임금제의 유효 요건

근로기준법에서 정하고 있는 근로조건 명시 및 가산임금 지급규정에 비추어, 포괄임금제가 유효할 수 있는지가 문제될 수 있는데 이에 대하여 확인해 보자.

(1) 감시·단속적 근로 등과 같이 ① 근로시간, 근로형태와 업무의 성질을 고려할 때 근로시간의 산정이 어려운 것으로 인정되는 경우에는 근로자의 승낙을 얻어 '포괄임금제에 의한 임금 지급계약'을 체결하더라도 ② 단체협약이나 취업규칙에 비추어 그것이 달리 근로자에게 불 이익이 없고 여러 사정에 비추어 정당하다고 인정될 때는 유효하다. 이와 같이 포괄임금제는 근로시간에 따른 임금 지급의 원칙에 부합되는 것은 아니지만 연장근로 등이 예정된 특수한 근무형태 아래서 가산 임금 계산의 편의 등을 위하여 당사자 사이에 합의한 것이어서 이를 무효로 볼 수는 없다.

(2) 반면에 근로시간 산정의 어려움 등의 특별한 사정이 없음에도 포괄임금제 방식의 임금지급계약을 체결하는 것은 그것이 근로기준법이 정한 근로시간에 관한 규제를 위반할 경우 허용될 수 없다.

즉, 위와 같은 특별한 사정이 없음에도 포괄임금제 방식으로 약정된 경우 포괄임금에 포함된 정액의 법정수당이 근로기준법이 정한 기준에 따라 산정된 법정수당에 미달하는 때에는 그에 해당하는 포괄임금제에 의한 임금지급 계약의 부분은 근로자에게 불이익하여 무효가 된다.

포괄임금제에 관한 약정이 성립하였는지 여부는 근로시간, 근로형태와 업무의 성질, 임금 산정의 단위, 단체협약과 취업규칙의 내용, 동종 사업장의 실태 등 여러 사정을 전체적·종합적으로 고려하여 구체적으로 판단하여야 하며, 비록 개별 사안에서 근로형태나 업무의 성격상 연장·야간·휴일근로가 당연히 예상된다고 하더라도 기본급과는 별도로 연장·야간 휴일근로수당 등을 세부 항목으로 명백히 나누어 지급하도록 단체협약이나 취업규칙, 급여규정 등에 정하고 있는 경우는 원래 의미의 포괄임금제에 해당하지 아니한다.

연봉에 연장근로수당 포함 가능?

—

연봉제를 시행하는 목적이 법정수당 등을 연봉에 포함하여 별도로 지급되는 항목을 최소화하는 것이라고 할 때, 업무 특성상 통상 일정 시간의 연장근로가 발생할 것이 예견되어 이러한 연장근로시간에 대하여 기본임금을 기준으로 법정 기준에 부합하게 산정하여 연봉에 반영하는 것은 포괄임금제라기보다는 포괄산정임금제도에 해당하며, 이러한 방식으로 급여를 산정하는 것은 근로기준법의 기준을 충족하고 있다면 활용 가능한 것으로 판례는 인정하고 있다.

포괄산정임금제도를 시행하기 위한 절차는 1) 근로자의 승낙과 2) 상위 규범에 부합할 것을 요구하고 있다.

첫 번째 「근로자의 승낙」과 관련하여 판례는 포괄임금제도에 대하여 근로계약과 근로자의 승낙을 요구하고 있다.

두 번째로 「상위규범에 부합할 것」과 관련하여 포괄임금제의 요건으로 단체협약·취업규칙·근로계약의 근거를 필수적으로 보지는 않고 근로자 동의와 선택적인 관계로 보는 것이 일반적이다. 그러나 규정과 근로계약의 일치된 형태로 나타나야 분쟁발생 가능성을 줄일 수 있을 것이므로 취업규칙에 포괄임금제를 적용할 수 있음을 명시하는 것이 바람직할 것이다.

또한, 포괄산정임금제도를 적용하여 근로계약을 했다고 하더라도 포함된 범위보다 적게 근무한 것은 정산할 수 없고, 포함된 범위를 초과하여 근무한 부분에 대해서는 별도로 지급할 의무가 있다. 예를 들면 주 5시간의 연장근로가 발생한다고 예상하고 이를 산정하여 미리 연봉에 포함하여 계산하였으나 실제로는 주 3시간만 근무하더라도 미리 산정하여 반영된 임금을 감액할 수는 없으며, 반면에 주 5시간보다 더 많이 근무한 경우에는 해당 차액분에 대해서는 별도로 연장근로수당을 지급하여야 한다.

회사에서 관행적으로 주던 수당을
갑자기 안 준다면?

09

"김신입씨, 우리 회사가 지급하고 있는 수당에 대해서 알고 있지?"

"네, 알고 있습니다. 팀장님"

"그 수당 중에 규정에 반영은 안 되어 있지만 지급되고 있는 수당이 있어. 뭔지 알아?"

"교통비가 규정에 없는 것으로 알고 있습니다."

"제법이군, 규정도 확인했었나 보네. 그런데 회사 상황이 안 좋아서 경비 절감을 하고 있는데, 규정에 반영되지 않은 교통비를 줄일까 하는데 그렇게 해도 문제가 없는지 확인해 봐."

"네, 확인해 보겠습니다."

임금의 개념
—

임금이란 사용자가 근로의 대가로 근로자에게 임금·봉급, 그 밖에 어떠한 명칭으로든지 지급하는 일체의 금품을 말한다.

대법원은 근로기준법을 근거로 '임금은 사용자가 근로의 대가로 근로자에게 지급하는 금품으로서, 근로자에게 계속적·정기적으로 지급되고 단체협약·취업규칙·급여규정·근로계약·노동관행 등에 의해 사용자에게 지급의무가 지워져 있는 것을 말한다.'고 판시하였다.

또한, 임금 개념 중 가장 핵심적 요소라 할 수 있는 어떤 금품이 근로의 대상으로 지급된 것인지에 관해서는 '금품지급의무의 발생이 근로제공과 직접적으로 관련되거나 밀접하게 관련된 것으로 볼 수 있어야 하고, 이러한 관련 없이 지급의무의 발생이 개별 근로자의 특수하고 우연적 사정에 의해 좌우되는 경우에는 금품의 지급이 단체협약·취업규칙·근로계약 등이나 사용자의 방침 등에 의해 이루어진 것이라 하더라도, 그러한 금품은 근로의 대상으로 지급된 것으로 볼 수 없다.'는 판단 기준을 제시하고 있다.

노동관행에 따른 임금지급

사용자가 단체협약·취업규칙 또는 근로계약 등에 근로조건으로 명시하지는 않았지만 특정 업무 수행자에게 상당한 기간에 걸쳐 일정액을 정기적으로 지급하여 온 경우라면, 사용자의 착오 지급 등 달리 볼 특별한 사정이 없는 한 근로조건화한 금품에 해당되므로, 사용자가 이를 지급하지 않거나 삭감하려 할 경우에는 근로조건 변경 등의 절차를 거쳐야 한다.

노동부와 법원은 관행화된 임금 등의 근로조건에 대해서는 명칭 여하를 불문하고 사용자에게 지급의무가 있다고 보고 있다. 회사에서 주던 수당이 관행화되었다고 한다면 해당 수당을 회사가 갑자기 지급하지 않을 경우 수당의 체불에 해당된다.

깜빡 잊고 못 받은 수당, 언제까지 받을 수 있나?

10

지난번에 찾아와서 주휴수당에 대해서 설명을 해 주었던 생산 팀 신입 사원이 다시 김신입을 찾아왔다.

"지난번에 설명을 잘 해주셔 이해하는데 많은 도움이 되었어요. 어디 노무 관련해서 물어볼 곳도 없어서, 미안하지만 개인적인 질문 하나 해도 괜찮을까요?"

"네, 지금 많이 바쁘지 않으니 가능해요. 궁금한 것이 무엇인가요?"

"우리 회사에 입사하기 전에 아르바이트를 했다고 말했잖아요. 그때 마지막 급여 일부를 못 받았어요. 그런 후 취업 준비하느라 몇 개월이 지났는데, 지금이라도 받을 수 있을까요?"

"아, 그건 임금채권의 소멸시효와 관계된 것이군요."

"소멸시효?"

"네, 자세히 설명해 줄 테니 잘 들어보세요."

임금의 소멸시효
—

급여, 수당 등 임금채권과 퇴직급여채권의 소멸시효는 3년이다. 임금채권에서 임금의 범위에는 근로기준법에서 정의한 모든 임금이 포함되며,

임금에 해당되지 않는 근로관계로 인한 채권은 민법상 일반채권의 소멸시효규정이 적용된다.

소멸시효 기간은 그 채권을 행사할 수 있는 때로부터 진행한다. 즉, 임금은 임금정기지급일, 상여금은 상여금에 관한 권리가 발생한 때, 연차휴가 미사용수당은 청구권이 발생한 때, 퇴직금은 퇴직한 날이 기산일이다.

시효의 중단

소멸시효의 중단에 대해서는 근로기준법에 규정이 없으므로 민법에 따른다. 민법에서 소멸시효 중단사유로 재판상 청구, 압류 또는 가압류·가처분, 승인을 들 수 있는데, 단순한 문의만으로는 시효가 중단되지 않는다. 최고의 경우에는 소멸시효 중단의 효과가 있으나 6개월 내에 재판상 청구, 파산절차참가, 화해를 위한 소환, 임의출석, 압류 또는 가압류·가처분을 하지 않으면 소급하여 시효중단의 효력이 없어진다.

재판상 청구, 파산절차참가, 지급명령, 화해를 위한 소환, 압류·가압류·가처분, 승인, 화해 등에 대해서는 각각 민법에 규정되어 있다.

근로자가 노동위원회 구제명령에 대하여 사용자가 제기한 행정소송에서 근로자가 보조참가를 하여 다툰 경우 임금지급청구권의 소멸시효는 중단되나, 근로감독관 등 고용노동청에 형사고발이나 고소를 하는 것은 재판상 청구로 인정되지 않아 시효중단 효력은 없다.

못 받은 수당의 청구시기

앞에서 확인한 것처럼 못 받은 수당을 청구할 수 있는 소멸시효는 소멸시효가 중단되지 않는 한 3년이다. 즉, 임금의 정기지급일을 기준으로 3년

이 지나면 수당의 지급을 청구할 수 없게 되므로 3년 이내에 꼭 청구할 수 있도록 해야 한다.

통상 임금체불로 고용노동청에 진정을 하더라도 과거 3년 동안 못 받은 임금에 한하여 권리구제를 받을 수 있으므로 소멸시효를 잘 기억하여 기간의 도과로 받을 수 없게 되는 경우를 방지할 필요가 있다.

주제 4

근로시간,
정확하게 알자

주제 **4**에서 알아볼 내용은 다음과 같다.

법에서 정하고 있는 근로시간 기준

01

김신입은 직원들의 근로시간 측정과 관련하여 고민에 빠졌다.

대부분의 직원들이 출근할 때에는 출입 체크를 하고 있으나 퇴근 시에는 잘 안하는 경향을 보이고 있어 실제 근로시간을 측정하기가 곤란하다.

근로시간 측정 방법을 개선할 필요가 있어 이런저런 생각을 하고 있는데 황대리가 와서 물었다.

"무슨 생각을 그렇게 하고 있는 거야?"

"직원들이 출퇴근 카드를 제대로 찍지 않아서 근로시간을 정확하게 파악하기 힘들잖아요. 그래서 개선 방안을 찾고 있던 중입니다."

"주52시간제 적용 관련 근로시간을 정확히 파악할 필요가 있지."

"근로시간을 어떻게 파악할지 좀 더 고민해 보고 말씀 드릴테니, 나중에 의견 좀 주세요."

김신입은 법에서 정한 근로시간과 근로시간 계산방법에 대한 자료를 확인하기 시작했다.

법정기준근로시간
—

법정기준근로시간이란 법률에 의해 1주 또는 1일을 단위로 제한되는 근로시간이다. 여기서 '1주'란 휴일을 포함한 7일이고, '1일'은 통상적으로 0시부터 24시까지를 의미한다.

법정기준시간을 성인, 연소자 등 대상별로 달리 적용한다.

1) 성인의 경우 1주간의 근로시간은 휴게시간을 제외하고 40시간이며, 1일의 근로시간은 휴게시간을 제외하고 8시간이다.

2) 연소자의 경우 1일의 근로시간은 7시간, 1주일의 근로시간은 35시간이다. 여기서 '연소자'란 15세 이상 18세 미만자를 말한다. 참고로, 15세 미만자의 경우에는 고용노동부장관으로부터 취직인허증을 발급받아 취업을 할 수 있는데, 이 경우에도 1일 근로시간은 7시간, 1주 근로시간은 35시간이다.

3) 유해·위험한 작업으로서 높은 기압에서 하는 작업(예. 잠함 또는 잠수작업 등)을 하는 경우 달리 정하고 있는데, 유해·위험작업에서의 근로시간은 1일 6시간, 1주 34시간이다.

소정근로시간
—

소정근로시간이란 법정기준근로시간의 범위 내에서 취업규칙·근로계약 등에서 근로자와 사용자간에 정한 근로시간이다.

소정근로시간은 취업규칙의 필수적 기재사항으로, 일반적으로 사업장의 취업규칙 등에서 정하고 있는 업무의 시작시각부터 종료시간까지의 근로시간이다.

임금은 근로의 대가이므로, 소정근로시간은 원칙적으로 임금의 지급대상인 시간을 의미한다. 즉, 소정근로시간에는 일하기로 정한 시간만 포함된다.

근로시간의 계산

—

통상 근로시간은 업무의 개시부터 종료까지의 시간에서 휴게시간(점심시간을 포함하여 쉬는 시간)을 제외한 시간을 말한다. 특별한 사유가 없는 경우 근로시간의 시작과 종료시간은 단체협약 및 취업규칙 등에 정해지는 출근시간과 퇴근시간이 되는 것이 일반적이나, 출근 전후의 업무준비 및 업무 후 정리정돈 등 실근로에 부수적인 시간도 근로시간에 포함된다.

근로시간의 계산은 일반적으로 출근부, 연장근로기록부, 근무상황부, 근로시간계산기(Time recorder) 등에 의해 계산하는데, 근로시간계산기 등에 기재된 시각이 취업규칙에 기재된 시업시각 전 또는 종업시간 후인 경우 그 시간이 실구속시간인지 여부에 따라 근로시간에 포함여부가 결정된다. 즉 업무준비시간, 대기시간, 교대시간, 업무종료 후 정리시간 등 실제 근로에 부속되는 시간이 근로시간인지 여부는 사용자의 지휘·명령 아래서 이루어지는지에 따라 판단될 수 있다.

교육시간이 근로시간인가?

02

김신입이 엘리베이트를 타려는데 엘리베이트 안에 정팀장이 타고 있었다.

"김신입씨, 어디 가는 거야?"

"출입관리 카드를 담당하고 있는 부서에 가서 확인해 볼 것이 있어서요."

"응, 요즘 근로시간 관련해서 검토하고 있다고?"

"네, 주52시간제 적용도 있고 해서 근로시간 관련 사항에 대하여 확인해 보고 있습니다."

"검토가 필요한 사항이었는데 잘하고 있네. 검토하면서 이것도 확인해 봐. 다음 달에 우리 회사 워크숍이 있잖아. 워크숍에 참석하는 시간도 근로시간으로 봐야 하는지 검토해 보고 알려줘."

"워크숍 참석하는 시간이 근로시간인지는 애매한 측면이 있는 것 같습니다. 확인해 보겠습니다."

근로시간이란?
—

법에서 정한 근로시간이란 근로자가 사용자의 지휘 및 감독을 받으며 근로를 제공하는 시간이다. 사용자의 지휘 및 감독의 방법은 명시적인 것뿐만 아니라 묵시적인 것도 포함된다.

근로시간 해당 여부는 개념 정의에서 확인한 바와 같이 사용자의 지시 여부, 업무수행 의무 정도, 수행이나 참여를 거부한 경우 불이익 여부, 시간과 장소 제한의 정도 등 구체적 사실관계를 따져 사안별로 판단한다.

다만, 사업장에 체류하고 있다고 하더라도 휴게시간은 근로시간에 포함되지 않기 때문에 근로시간에서 제외하고 산정한다.

교육시간의 근로시간 해당여부

—

교육이 소정근로시간 내외를 불문하고 사용자의 지시·명령에 의해 이루어지고 지시·명령을 근로자가 거부할 수 없다면 근로시간에 해당하는 것이 원칙이다.

따라서 근무시간 이외의 시간에 실시되는 근로자의 교육이 사용자의 지시·명령에 의해 실시하게 되는 경우에도 근로시간으로 볼 수 있다.

예를 들어, 아침 업무시간 이전에 1시간 교육을 실시하는 경우 교육의 참가가 의무화되어 있다면 근로시간에 포함된다. 다만, 교육의 참가여부가 근로자 개인의 자유의사에 맡겨져 있다면 근로시간으로 볼 수 없다.

근로자가 개인적 차원의 법정의무이행에 따른 교육 또는 이수가 권고되는 수준의 교육을 받는 시간 등은 근로시간으로 보기 어렵다. 반면, 업무와 관련하여 실시하는 직무교육, 전문 인력이 반드시 이수해야 하는 교육인 경우에는 근로시간으로 인정된다.

참고로, 교육에 근로자의 참석을 독려하는 차원에서 교육수당을 지급하였다고 하여 근로시간으로 인정되는 것은 아니다.

워크숍의 근로시간 해당여부

—

기업에서 실시하는 1박 2일 등으로 회사의 업무와 자기개발 목적의 교육이 동시에 포함되는 워크숍과 같은 합숙집합교육의 경우 근로시간으로 볼 수 있을까?

사용자의 지시·명령에 따라 효과적인 업무수행 등을 위한 논의 목적의 워크숍이나 세미나 시간은 원칙적으로 근로시간으로 볼 수 있다. 만약 워크숍 진행 시간이 소정근로시간 범위를 넘어서 진행된다면 토의 등 교육 진행 시간은 연장근로로 인정될 수 있다.

다만, 단순히 직원 간 단합 차원에서 이루어지는 워크숍은 근로시간으로 보기 어려우며, 워크숍 프로그램 중 직원 간 친목 도모 시간은 근로시간으로 인정되지 아니한다.

고객을 기다리는 대기시간도 근로시간인가?

03

"우리 회사 고객센터 있잖아?"

"네, 대리님. 센터에 무슨 문제라도 있나요?"

"아니, 문제라기보다는 센터에 근무하는 수리기사의 경우에 고객이 있을 경우에는 업무를 수행하지만 고객이 안 오는 시간에는 대기를 하고 있는데 이것도 근로시간으로 보아야 하는지 고객센터에서 문의가 왔네."

"제가 보기에는 대기시간에도 자유롭게 이용할 수 없으니 근로시간으로 보아야 하지 않을까요?"

"나도, 김신입씨와 같은 생각인데 혹시 모르니 한번 확인해 봐야겠어."

"제가 근로시간에 대해서 확인하고 있으니 같이 검토해 보겠습니다."

앞에서 확인한 바와 같이 법에서 정한 근로시간이란 근로자가 사용자의 지휘 및 감독을 받으며 근로를 제공하는 시간이다.

근로시간은 사용자의 지휘 및 명령을 받아 사용자의 감독하에 놓여 있는 시간을 기준으로 하기 때문에 근로자가 자신의 노동력을 사용자의 처분 가능한 상태로 유지하고 있는 시간이면 근로시간이 된다. 따라서 실제 사용자가 그 시간에 근로자의 노동력을 사용해야만 근로시간으로 인정되는 것은 아니다.

이러한 시간을 대기시간이라고 하는데, 대기시간이란 근로자가 업무시간 도중에 현실적으로 업무수행을 하지 않고 다음 업무수행을 위하여 대기하고 있는 시간이다.

근로기준법에서도 근로시간을 산정함에 있어 업무수행을 위하여 근로자가 사용자의 지휘·감독 아래에 있는 대기시간 등은 근로시간으로 보고 있다.

근로자가 업무시간 도중에 현실적으로 업무에 종사하지 않은 대기시간이나 휴식시간 등이라 하더라도 그것이 휴게시간으로서 근로자에게 자유로운 이용이 보장된 것이 아니고 실질적으로 사용자의 지휘·감독 하에 놓여 있는 시간이면 당연히 근로시간에 포함된다.

업무수행 중에 얼마나 쉴 수 있을까?

04

김신입이 황대리와 휴게시간에 대하여 의견을 나누고 있다.

"대리님, 생산 팀에서 휴게시간을 물어보던데요."

"응, 무슨 내용이야?"

"정상근무를 마치고 연장근로를 한 시간이 4시간 이상이 되면 휴게시간을 추가로 더 부여해야 하는지 여부를 알려달라고 하네요."

"음. 법적으로는 8시간의 경우 1시간 이상의 휴게시간을 주게 되어 있는데, 추가로 더 근무할 경우라…… 혹시 취업규칙에 안 나와 있어?"

"네, 확인해 보니 그런 내용은 없던데요."

"상식적으로는 추가로 4시간 더 연장근무를 하면 휴게시간 30분을 추가로 부여 해야 할 것 같은데 확실한지는 모르겠네."

"그럼, 박노무사님께 여쭤보고 답변해 주도록 하겠습니다."

업무를 수행하는 도중에 얼마 동안 쉬어야 하는지와 관련하여 근로기준법에서는 '사용자는 근로시간이 4시간인 경우에는 30분 이상, 8시간인 경우에는 1시간 이상의 휴게시간을 근로시간 도중에 주어야 하며, 휴게시간은 근로자가 자유롭게 이용할 수 있다.'라고 규정하고 있다.

휴게시간은 근로자가 업무시간 중에 실제로 업무에 종사하지 않은 시간이나 휴식·수면시간 등으로 실질적인 사용자의 지휘·감독 없이 근로자의 자유로운 이용이 보장된 시간이다. 휴게시간이 근로자가 자유로이 이용할 수 있는 시간이므로 근로시간에 포함되지 않고 임금도 지급되지 않는다.

참고로 휴게시간은 사용자의 지휘나 명령으로부터 이탈되는 시간이므로 업무상의 사정으로 대기하는 대기시간과는 다르다.

휴게시간은 4시간 근로에 30분 이상, 8시간 근로에 1시간 이상의 휴게시간을 근로시간 도중에 주어야 하므로, 근로시간이 4시간미만은 휴게시간의 부여대상이 아니다. 휴게시간의 부여는 업무 시작 시간과 업무 종료시간 중간에 주어야 하므로, 일하기 전이나 일이 끝난 후에는 줄 수 없다.

휴게시간은 근로자가 자유롭게 이용할 수 있어야 하나 최소한의 질서유지를 위하여 이용 장소와 방법을 제한할 수 있다. 따라서 휴게시간이라 하더라도 업무의 특수성과 계속성을 감안하여 휴게시간의 이용 장소 등 어느 정도 범위 내에서 제약을 하는 것은 가능하다.

소정근로시간이 아니라 소정근로시간의 근무 종료 후 연장근로를 실시하여 연장근로가 4시간 이상 되었을 때에도 휴게시간을 부여되는지가 문제될 수 있다.

휴게시간의 취지가 근로자의 건강을 위하여 최소한도로 필요한 시간을 정하여 쉴 수 있도록 한 것이므로 연장근로로 1일 4시간을 초과하여 발생한 근로시간에 대하여도 휴게시간이 부여된다.

근로시간 단축이라는 것이 무엇인가?

05

"대리님, 뭘 그렇게 열심히 하고 계세요?"

김신입은 황대리가 오랜만에 뭔가를 열심히 하고 있어서 가까이 가서 물어보았다.

"응, 팀장님이 근로시간 단축관련 개정법의 적용 유예기간이 종료되었다며 구체적 내용을 정리해 보라고 하셔서."

"어려운 업무를 하고 계시네요. 다 되면 저도 공부 좀 하게 내용 공유해 주실 수 있으세요?"

"김신입씨는 항상 공부하려는 자세가 되어 있는 것 같아. 그래, 다 되면 공유해 줄게."

우리나라의 장시간 노동 관행이 OECD 소속 국가 기준을 보더라도 높은 편으로 나타나 일과 가정의 양립을 도모하고 고용창출을 위해서 2018. 2월 국회에서 근로기준법 개정 법률안을 의결함으로써 근로시간 단축의 내용이 확정되었다.

근로시간 단축관련 개정 근로기준법의 주요 내용을 확인해 보면 다음과 같다.

1) 기존 근로기준법에는 1주의 기준에 대하여 구체적인 명시규정이 없어 1주일이 근무일만을 포함해서 5일인지, 휴일을 포함한 7일을 말하는 것인지 혼란이 있었기에 1주가 7일임을 명시적으로 규정하고, 연장근로를 포함해서 근로가 가능한 시간을 1주에 52시간으로 정하였다.

다만, 소규모 사업장까지 일시에 개정된 내용이 적용되면 혼란이 불가피하다고 판단하여 다음과 같이 기업 규모별로 단계적으로 근로시간을 단축하는 것으로 정하였다.

> ◈ 300인 이상 : '18. 7. 1.
>   ※ 특례업종에서 제외된 21개 업종은 '19.7.1.부터 시행
> ◈ 50~300인 미만 : '20. 1. 1.
> ◈ 5~ 50인 미만 : '21. 7. 1.

또한, 30인 미만 사업장의 경우 2021. 7월부터 2022년까지 한시적으로 노사합의를 통해 8시간의 특별연장근로를 더 할 수 있도록 인정하였다.

2) 휴일근로의 가산수당 할증률은 1주간 근무한 시간이 40시간을 넘어 연장근로에 해당하더라도 8시간 이내의 휴일근로에 대해 통상임금의 50%를 가산하고, 8시간 초과 휴일근로는 100%를 가산 지급하도록 하였다.

3) 기존에 21개 업종이던 근로시간 특례업종을 축소하여 5개 업종 (① 육상운송업<「여객자동차 운수사업법」의 노선여객자동차운송사업 제외>, ② 수상운송업, ③ 항공운송업, ④ 기타 운송관련 서비스업, ⑤ 보건업)만 존치시켰다.

존치되는 5개 업종에 대해서도 근무일 사이에 11시간의 연속 휴식시간을 보장하는 보완 장치 마련을 통해 장시간 노동으로부터 근로자의

휴식권과 건강권의 확보가 가능하도록 하였다.

4) 관공서의 공휴일을 법정휴일로 의무화함으로써 기존에 공무원들에게만 의무적으로 공휴일로 부여되었던 명절, 국경일 등에 대하여 일반 사업장의 근로자들에게도 유급공휴일로 적용하게 되어 모든 근로자가 공평하게 휴일을 사용할 수 있도록 하였다.

다만, 관공서 공휴일의 일반 사업장 적용이 근로시간 단축과 함께 사업장에 부담으로 작용될 수 있는 점을 고려하여 기업 규모별로 아래와 같이 단계적으로 적용되도록 하였다.

◈ 300인 이상 : '20. 1. 1.
◈ 30~300인 미만: '21. 1. 1.
◈ 5~ 30인 미만: '22. 1. 1.

5) 연소근로자의 근로시간을 단축하였는데, 연소근로자(15~18세)의 1주 근로시간을 40시간에서 35시간으로 단축하고, 연장근로시간은 1주 6시간에서 5시간으로 제한하여 연소근로자 보호를 현재보다 더 강화하였다.

6) 그 밖에 근로기준법 개정안 부칙과 부대 의견을 통해 특례유지 5개 업종에 대한 실태조사를 조속히 실시하며 개선방안을 마련토록 하였으며, 관공서 공휴일의 일반 사업장 적용을 위한 실태조사를 실시하고 지원 방안도 함께 마련하도록 하였다. 또한, 고용노동부 장관이 2022년 12월 31일까지 탄력적 근로시간제도의 개선 방안을 준비하도록 하였다.

연장근로시간은 어떻게 계산할까?

06

"노무사님, 한 가지 여쭤 볼게 있습니다."

김신입은 연장근로와 관련하여 궁금한 사항이 있어 박노무사에게 전화를 하였다.

"네, 무엇이 궁금한가요?"

"연장근로를 할 경우 당사자 간에 합의를 하여야 한다고 알고 있는데, 연장를 할때마다 합의를 해서 진행하는데 한계가 있습니다. 어떻게 해야 할까요?"

"연장근로 합의는 연장근로를 할 때마다 할 필요는 없어요. 구체적으로 설명드리겠습니다."

"참, 질문이 하나 더 있는데요. 연장근로가 되는 법적 기준도 설명 부탁드립니다."

"네, 알겠습니다. 순서대로 설명해 드리죠."

법적기준근로시간 및 계산방법
—

근로기준법에서 정하고 있는 근로시간은 ① 성인의 경우 1일 8시간, 1주 40시간, ② 연소자의 경우 1일 7시간, 1주 35시간, ③ 유해위험작업의 경우

1일 6시간, 1주 34시간의 범위 내에서 정하도록 하고 있어, 사업장에서는 이러한 기준에 근거하여 당사자간에 합의한 근로시간을 소정근로시간으로 정하여 운영할 수 있다.

여기서 "1일"이라 함은 통상적으로 0시부터 24시까지를 의미하나 24시를 지나 역(曆)일상 이틀에 걸쳐 계속하여 근로하는 경우 종료시까지 하나의 근로로 보아 연장근로가 된다.

통상 근로시간은 업무의 개시부터 종료까지의 시간에서 휴게시간(점심시간을 포함하여 쉬는 시간)을 제외한 시간을 말한다.

근로시간의 계산은 일반적으로 출근부, 연장근로기록부, 근무상황부, 근로시간계산기(Time recorder) 등에 의해 계산하는데, 근로시간계산기 등에 기재된 시각이 취업규칙에 기재된 시업시각 전 또는 종업시간 후인 경우 그 시간이 실구속시간인지 여부에 따라 근로시간에 포함여부가 결정된다.

연장근로의 합의방법
—

연장근로가 필요할 경우 '당사자 간에 합의하면' 18세 이상 근로자의 경우 1주간에 12시간을 한도로 근로시간을 연장하여 근무할 수 있으며, 18세 미만 연소자는 1주 5시간 한도에서 가능하다. 다만, 출산후 1년이 경과되지 아니한 여성근로자의 경우 1주 6시간 한도에서 연장근로를 할 수 있으며, 임신 중인 여성근로자에 대해서는 연장근로를 시키지 못한다.

구체적인 합의의 방법은 연장근로를 하고자 할 때마다 합의를 하는 것이 원칙이나 연장근로를 할 때마다 일일이 당사자가 합의를 한다는 것은 번거롭기 때문에 단체협약·취업규칙·근로계약 등에 구체적인 사유와 기간을 정하여 연장근로를 하도록 하더라도 합의로 인정된다. 참고로, 1주 간에 12시간을 초과하여 연장근로를 시킬 경우 2년 이하의 징역 또는 2천 만원 이하의 벌금에 처하도록 하고 있다.

연장근로의 인정 및 산정방법
—

연장근로시간은 1일 또는 1주의 법정기준근로시간을 초과한 시간을 말 하므로, 1주 40시간을 초과하지 않더라도 1일 8시간을 초과하거나, 1일 8 시간을 초과하지 않더라도 1주 40시간을 초과한 시간은 연장근로에 해당 한다.

소정근로일이나 소정근로시간 중에 휴가나 휴일, 결근, 파업, 지각, 조퇴 등으로 인하여 근로하지 못한 시간은 근로시간 수 산정에서 제외한다.

법내 연장근로
—

법내 연장근로란 법정기준근로시간 범위 내에서 정한 사업장의 소정근 로시간을 초과하여 근로한 시간이다. 예를 들면, 소정근로시간이 1주 35 시간(1일 7시간)인 사업장에서 1시간 연장근로를 한 경우 7시간을 초과한 1시간을 의미한다.

참고로, 기간제법에 의하면 단시간근로자가 소정근로시간을 초과하여 근로한 경우에는 통상임금의 50%를 가산하여 지급하도록 하고 있다.

언제 근무할 때 휴일근로나 야간근로가 될까?

07

"여성근로자는 휴일근로나 야간근로를 할 수 없는 경우가 있다는데 알고 있니?"

황대리가 전화를 받더니 김신입에게 물어본다.

"여성근로자의 경우에는 근로자의 청구나 노동부 인가 등의 절차를 거쳐야 하는 경우가 있는 것으로 알고 있습니다."

"그 내용 정리 좀 해 줄래? 생산 팀에서 알고 싶다고 하네."

"바쁘지 않으면 지금 하던 일 끝내고 하겠습니다."

"응, 그렇게 해 줘."

휴일근로

—

휴일근로란 말 그대로 휴일에 근로하는 것으로, 근로기준법은 근로자가 휴일근로를 한 경우 휴일근로가산수당 50%를 추가로 지급하도록 규정하고 있다.

휴일근로의 판단에 있어 법적으로 인정되는 휴일이 언제를 말하는지가 중요한데, '휴일'이란 ① 주로 일요일에 쉬는 주휴일, ② 법에서 휴일로 정하고 있는 법정휴일, ③ 근무하고 있는 회사의 단체협약이나 취업규칙에 의하여 휴일로 정하여져 있는 약정휴일을 말한다.

참고로, 달력에 빨간색으로 표시되어 있는 '관공서 공휴일'은 근로기준법 개정으로 법정휴일로 의무화되었으나 사업장 규모에 따라 단계적으로 적용하도록 하여 300인 이상은 `20. 1. 1.부터, 30~300인 미만은 `21. 1. 1.부터, 5~30인 미만은 `22. 1. 1.부터 법정휴일로 적용된다. 따라서 5인 미만 사업장의 경우에는 의무적으로 적용되지 않기 때문에 회사의 취업규칙 등에 휴일로 정한 경우에만 휴일로 인정된다.

법정휴일은 법에서 유급으로 정하고 있어 유급휴일이 명확하나, 약정휴일은 당사자의 약정에 따라 유급 또는 무급휴일 여부가 결정된다. 참고로, 유급휴일은 근무하지 않더라도 해당일을 유급 처리하여 근무한 것과 동일하게 임금을 지급하는 것이고, 무급휴일은 일하지 않으면 해당일의 급여를 지급하지 않는 것을 말한다.

만약 유급휴일에 특정 근로자가 근무를 하였다면, ① 본래 근무를 하지 않아도 유급으로서 당연히 지급되는 임금 100%(통상 '기본급'에 포함되어 있음), ② 휴일근로로 발생한 임금 100%, ③ 8시간 이내의 휴일근로에 대해 휴일근로가산수당 50%(8시간 초과 휴일근로는 100%)를 합하여 임금을 지급받을 수 있다.

반면, 무급휴일의 경우에는 앞서 본 유급휴일에서 유급으로서 당연히 지급되는 임금(①) 100%를 제외(기본급에서 해당금액 공제)하고 나머지가 지급된다.

야간근로

—

야간근로는 22:00부터 익일 06:00 사이에 근로할 경우 야간근로가 되며, 이때 근무한 시간에 대해서는 야간근로가산수당 50%를 추가하여 지급하도록 하고 있다. 그 이유는 야간근로의 경우 주간근로에 비하여 근로자의 정신적·육체적 피로가 가중되고 인간의 생리적 주기에도 역행하므로 이에 대한 보상을 하기 위한 것이다.

따라서 야간근로가 수행된 경우에는 통상임금의 50%를 가산하여 지급하며, 야간근로는 야간근로 해당 시간대 전체뿐만 아니라 일부라도 포함하여 근무하게 된다면 해당 시간에 대해서 야간근로가 되는 것이다.

휴일 및 야간근로의 제한
—

휴일 및 야간근로의 제한과 관련하여 성인 남성근로자에 대하여 휴일 및 야간근로를 제한하는 법 규정은 없으나, 여성근로자와 연소근로자 등에 대해서는 휴일 및 야간근로에 대하여 일정한 제한을 두고 있다.

1) 18세 이상의 여성근로자는 본인의 동의가 있어야 회사에서 휴일 및 야간근로를 시킬 수 있다.
2) 18세 미만 연소근로자·산후 1년이 경과되지 아니한 여성근로자는 본인의 동의가 있고 노동부장관의 인가를 받아야 휴일 및 야간근로를 시킬 수 있다.
3) 임신 중의 여성근로자의 경우에는 명시적으로 휴일 및 야간근로를 청구할 때 노동부 장관의 인가를 얻어 휴일 및 야간근로를 시킬 수 있다.

탄력적 근로시간제가 무엇인가?

근로시간 단축 관련 업무를 하고 있던 황대리가 정팀장의 지시로 근로시간 단축과 관련하여 회사에서 활용할 수 있는 유연근무제의 유형 및 내용에 대해서 조사하고 매주 한 유형씩 발표하는 자리를 가지기로 하였다.

첫 발표를 오늘 진행하기로 하여 정팀장을 비롯한 팀원들이 회의실에 모였다.

발표에 앞서 정팀장이 간단하게 유연근무시간제에 대해 발표를 하는 취지를 설명하였다.

"주52시간제 등 근로시간 관련 노동법의 개정으로 우리 회사도 근로시간단축방안을 마련하여야 하는데, 그런 준비에 대한 일환으로 황대리가 유연근무제에 대한 내용을 검토해서 발표하는 시간을 갖기로 했습니다. 발표하는 내용 잘 듣고 유연근무제를 정확히 이해해서 업무수행에 착오가 발생하지 않도록 합시다. 황대리, 오늘은 유연근무제 중 어떤 유형을 설명할 건가요?"

"오늘은 유연근무제에서 가장 많이 활용하고 있는 탄력적 근로시간제에 대해서 정리한 내용을 발표하고자 합니다."

"발표해 주세요."

탄력적 근로시간제의 개념

—

탄력적 근로시간제는 근로시간의 결정 및 배치 등을 탄력적으로 운영할 수 있도록 하는 유연근로시간제의 일종으로, 특정 근로일의 근로시간을 연장시키는 대신에 다른 근로일의 근로시간을 단축시킴으로써, 일정기간의 평균근로시간을 기준근로시간 내로 맞추는 제도를 말한다.

탄력적 근로시간제를 도입할 경우 일정한 기간(2주 이내 또는 3개월 이내, 3개월 초과)을 평균하여 1일간 또는 1주일간의 근로시간이 기준근로시간을 초과하지 않으면 특정 일 또는 특정 주에 기준근로시간을 초과하더라도 근로시간 위반이 아님은 물론 초과 시간에 대한 가산임금을 지급하지 않아도 된다. 또한, 탄력적 근로시간제 도입에 따라 특정 주의 연장근로시간을 최대 64시간까지 할 수 있어 특정 기간 또는 특정 주에 연장근로를 많이 할 업무상 필요가 있을 경우 활용될 수 있다.

탄력적 근로시간제를 유용하게 활용할 수 있는 업종으로는 연속하여 근로하는 것이 효율적이거나 이용자의 편익을 증대할 수 있는 운수업·의료서비스업, 일정한 주기로 업무의 과다가 있는 음식서비스·접객업, 빙과류 제조업 등의 계절적 업종, 기계의 가동률을 높이기 위해서 연장근로가 상시 필요한 철강·석유화학 업종 등이라고 할 수 있다.

탄력적 근로시간제의 유형

—

탄력적 근로시간제의 유형으로는 '2주 이내 탄력적 근로시간제', '3개월 이내 단력적 근로시간제', '3개월을 초과하는 탄력적 근로시간제'가 있으며, 탄력적 근로시간제의 도입 방법으로는 '2주 이내 탄력적 근로시간제', '3개월 이내 탄력적 근로시간제', '3개월을 초과하는 탄력적 근로시간제'

가 달리 적용된다.

1) 2주 이내 탄력적 근로시간제

2주 이내 탄력적 근로시간제의 경우 취업규칙에 관련 근거가 명시되어 있으면 실시할 수 있다. 탄력적 근로시간제를 도입하는 것이 취업규칙의 불이익 변경인지 여부와 관련하여 탄력적 근로시간제를 실시함으로써 임금이 저하되는 등 근로조건이 불이익하게 변경되는 경우가 발생한다면 불이익 변경이라고 할 것이며, 이 경우 근로자 과반수를 대표하는 노동조합 또는 근로자 과반수의 동의를 받아야 실시할 수 있다.

2주 이내 탄력적 근로시간제는 단위기간(2주)을 평균하여 1주간의 근로시간이 40시간을 초과하지 않아야 하며 특정 주에 48시간을 초과할 수 없다. 예를 들어, 첫째 주는 48시간, 둘째 주는 32시간 근무하는 형식으로 운영할 수 있다.

2) 3개월 이내의 탄력적 근로시간제

3개월 이내의 탄력적 근로시간제는 취업규칙에 근거규정을 두는 것으로 도입할 수는 없고 근로자 대표와 탄력적 근로시간제 적용대상 근로자의 범위, 단위기간, 근로일과 근로일별 근로시간, 유효기간 등을 서면으로 작성하여 서명·날인해야 실시할 수 있다. 3개월 이내의 탄력적 근로시간제는 근로자 대표와의 서면합의를 하여야 도입할 수 있기 때문에 개별근로자의 동의를 받아서 도입할 수 없으며 개별근로자의 동의가 필요하지도 않다.

3개월 이내의 탄력적 근로시간제는 특정한 주의 근로시간은 52시간을 초과할 수 없으며, 특정 일의 근로시간은 12시간을 초과할 수 없다. 여기에 추가로 주 12시간 한도의 연장근로가 가능하다. 따라서 1주간

근로가 가능한 법정 최고 한도는 64시간(52시간 + 12시간)이 되며, 이 경우 주 52시간을 초과하는 시간은 가산임금 지급대상이 된다. 이 제도는 2주 이내 탄력적 근로시간제보다 탄력성의 범위를 넓힌 것으로서 주로 계절적 사업, 건설업, 수출산업 등에서 활용될 수 있다.

3) 3개월을 초과하는 탄력적 근로시간제

3개월을 초과하는 탄력적 근로시간제는 근로자 대표와 대상근로자의 범위, 단위기간, 단위기간의 주별 근로시간, 유효기간 등을 서면으로 작성하여 서명·날인해야 한다.

3개월을 초과하는 탄력적 근로시간제는 특정한 주의 근로시간은 52시간을 초과할 수 없으며, 특정일의 근로시간은 12시간을 초과할 수 없고, 근로자를 근로시킬 경우에는 근로일 종료 후 다음 근로일 개시 전까지 근로자에게 연속하여 11시간 이상의 휴식 시간을 주어야 하지만, 천재지변 등 대통령령으로 정하는 불가피한 경우에는 근로자대표와의 서면합의가 있으면 이에 따른다.

또한, 각 주의 근로일이 시작되기 2주 전까지 근로자에게 해당 주의 근로일별 근로시간을 통보하여야 하는데, 근로자 대표와의 서면합의 당시에는 예측하지 못한 천재지변, 기계 고장, 업무량 급증 등 불가피한 사유가 발생한 때에는 단위기간 내에서 평균하여 1주간의 근로시간이 유지되는 범위에서 근로자대표와의 협의를 거쳐 단위 기간의 주별 근로시간을 변경할 수 있다. 이 경우 해당 근로자에게 변경된 근로일이 개시되기 전에 변경된 근로일별 근로시간을 통보하여야 한다.

3개월을 초과하는 탄력적 근로시간제를 시행하더라도 기존의 임금 수준이 낮아지지 아니하도록 임금항목을 소성 또는 신설하거나 가산임금 지급 등의 임금보전방안을 마련하여 고용노동부장관에게 신고하여야 한다. 다만, 근로자 대표와의 서면합의로 임금보전 방안을 마련한 경우에는 그러하지 아니하다.

단위 기간 중 근로자가 퇴사 등으로 근로한 기간이 단위 기간보다 짧은 경우에는 단위 기간 중 해당 근로자가 근로한 기간을 평균하여 1주간에 40시간을 초과하여 근로한 시간 전부에 대하여 연장근로 가산임금을 지급하여야 한다.

야간·휴일근로 및 휴일·휴가와의 관계
—

탄력적 근로시간제를 도입하더라도 야간근로나 휴일근로에 대하여는 가산수당을 지급해야 하며, 주휴일과 연차휴가도 법적 기준에 따라 발생한다.

연차휴가는 시간 단위가 아닌 일 단위로 사용하는 것이므로 근로 일별로 근로시간이 다르다고 하더라도 노사간 별도의 정함이 없는 한 1일 소정근로시간을 사용한 것으로 본다.

탄력적 근로시간제를 실시하는 도중 근로자가 소정근로일에 결근을 할 경우 그날에 근로하기로 정한 시간만큼 무급 처리되는 것이 원칙이다.

탄력적 근로시간제의 제한
—

탄력적 근로시간제는 18세 미만 근로자와 임신 중인 여성근로자에 대해서는 적용되지 않는다. 그리고 산후 1년이 지나지 않은 여성의 경우 탄력적 근로시간제 적용이 가능하나 1주 6시간을 초과하는 연장근로를 시킬 수 없다. 이러한 제한은 연장근로를 할 수 없거나 제한이 있기 때문이다.

선택적 근로시간제가 무엇인가?

09

유연근무시간제에 대하여 두 번째 발표가 있어 정팀장을 비롯한 팀원들이 회의실에 모였다. 발표에 앞서 정팀장이 간단하게 인사말을 하였다.

"벌써 1주가 지났군요. 시간이 참 빨리 지나가는 것 같습니다. 지난주 발표한 내용에 대해서 잘 숙지했죠? 혹시, 궁금한 사항 있으면 질문하세요."
정팀장의 말에 모두 조용히 고개를 숙이거나 정팀장과 눈이 마주치지 않으려는 듯 다른 곳을 바라보고 있었다.

"흠흠. 자기 일이 아니라고 생각하고 유연근무제에 대하여 고민을 하지 않은 것 같은데, 다음 주 발표하기 전에 질문할 수도 있으니 집중해서 듣도록 해요. 황대리 발표 시작하세요."

"네, 팀장님. 오늘은 선택적 근로시간제에 대해서 발표하도록 하겠습니다."

선택적 근로시간제의 개념 및 유형
—

선택적 근로시간제는 1개월(신성품 또는 신기술의 연구개발 업무의 경우에는 3개월) 이내의 총 근로시간만 정하고 근로시간의 시작시각과 끝나는 시각을 근로자가 자유롭게 결정할 수 있는 제도로, 근로시간의 규제보다는 업무성격상 근로자의 자율에 맡기는 것이 더 능률적인 전문직 등에 적합한 제도이다.

선택적 근로시간제의 유형은 '완전 선택적 근로시간제'와 '부분 선택적 근로시간제'가 있다.

① 완전 선택적 근로시간제는 의무적 근로시간대가 없이 근로시간을 사용자가 관여하지 않는 것을 말하며, ② 부분 선택적 근로시간제는 일정한 시간대를 정하여 그 시간에는 근로자가 사용자로부터 시간적 구속과 구체적인 업무 지시를 받게 되고, 나머지 시간은 근로자가 자유롭게 결정하는 것이다.

선택적 근로시간제 실시요건
—

선택적 근로시간제의 실시를 위해서는 ① 취업규칙에 대상 근로자의 범위 등 근로기준법 제52조에 명시된 내용을 규정하고, ② 근로자 대표와 서면합의를 해야 한다. 여기서 "근로자 대표"란 근로자의 과반수로 조직된 노동조합이 있는 경우에는 그 노동조합, 근로자의 과반수로 조직된 노동조합이 없는 경우에는 근로자의 과반수를 대표하는 자를 말한다.

서면합의를 할 때 포함되어야 하는 사항은 ① 대상근로자의 범위, ② 1월 이내의 정산 기간, ③ 정산 기간에 있어 총근로시간, ④ 의무적 근로시간대 또는 선택적 근로시간대, ⑤ 표준근로시간 등이다.

대상 근로자는 개인별·부서별·직종별·사업장별 등 필요한 대상에 따라 다양하게 정할 수 있으며, 총근로시간은 1월 이내의 정산 기간을 평균하여 1주간의 근로시간이 40시간을 초과하지 않는 범위 내의 소정근로시간으로 각 근로일별 근로시간이나 각 주별 근로시간을 미리 정할 수 없으며, 정산 기간 전체를 대상으로 한 총근로시간만을 정해야 한다. 표준근로시간은 연차유급휴가나 주휴일을 사용할 때 지급하는 임금의 산정 기초가 되는 시간으로, 표준근로시간을 정하도록 규정한 취지는 선택적 근로시간제를 실시할 경우 각 근로일별 근로시간이나 각 주별 근로시간이 달라질 수 있으므로, 표준이 되는 1일 근로시간을 정하여 연차유급수당이나 주휴수당 계산의 기준을 삼기 위한 것이다.

선택적 근로시간제 실시 효과

—

선택적 근로시간제를 실시할 경우 정산기간에 있어 총근로시간만 정해지므로 각 일 또는 각 주에 있어 연장근로는 계산될 수 없다. 따라서 근로자가 스스로 결정하여 주 또는 일의 법정근로시간을 초과해서 근로한다고 하더라도 법에 위반되지 않는다.

선택적 근로시간제를 도입한 경우 연장근로시간의 판단은 정산 기간을 단위로 실시되는데 실제로 연장근로를 했는지 여부는 정산 기간 이후에 알 수 있다. 이 경우 가산수당이 지급되어야 하는 시간은 정산 기간에 있어 총 법정근로시간을 초과하는 시간이며, 연장근로의 한도는 정산 기간을 평균하여 1주에 12시간을 초과할 수 없다. 이 경우 가산수당이 지급되어야 하는 시간은 정산기간(최대 1개월)에 있어 총 법정근로시간을 초과하는 시간이다.

실근로시간이 노사 합의로 정한 총근로시간수를 초과하는 부분은 잉여근로시간이 되고, 반대로 미달되는 부분은 부족근로시간이 된다. 잉여근로시간을 근로시간으로 인정할 것인지에 대해서는 노사 간 합의가 있어야 하며, 노사 간 별도의 합의가 없다면 근로시간으로 인정되지 않는다.

1개월을 초과하는 정산 기간을 정하는 경우에는 근로일 종료 후 다음 근로일 시작 전까지 근로자에게 연속하여 11시간 이상의 휴식시간을 주어야 한다. 다만, 천재지변 등 대통령령으로 정하는 불가피한 경우에는 근로자 대표와의 서면합의가 있으면 이에 따른다.

선택적 근로시간제는 유해 또는 위험작업에 종사하는 근로자나 18세 미만 근로자를 적용 대상으로 할 수 없으나, 임신 중인 여성근로자는 적용 대상으로 할 수 있다.

10

"두 번에 걸쳐 발표한 유연근무시간제에 대하여 모두 충분히 이해 되었나요?"

회의실에 모인 팀원들에게 정팀장이 질문하자 모두 자신 있게 대답했다.

"네."

"자신 있게 대답하는 것으로 보아 이번엔 다들 공부 좀 했구만. 지난 주에 질문하겠다고 하니 공부를 해 오는 것 봐. 하지만 오늘은 시간이 없어 질문은 못 하겠고, 황대리의 발표를 바로 듣도록 합시다. 황대리, 오늘 마지막 발표의 주제는 무엇이죠?"

"네, 마지막으로 발표할 내용은 재량근로시간제에 관한 것입니다."

"황대리가 준비하느라 그동안 고생이 많았네요. 모두 박수로 격려해 줍시다."

"짝짝짝~!"

"자, 이제 황대리가 준비한 내용을 들어볼까요?"

재량근로시간제의 개념
—

재량근로시간제는 업무의 성질상 업무수행방법, 시간배분결정 등에 대해 구체적인 지시를 하기가 곤란한 업무에 대해서 사용자가 수행방법 등을 근로자의 재량에 맡기고 근로시간은 근로자 대표와 서면합의로 정한 시간을 근로한 것으로 간주하는 제도이다.

재량근로시간제와 관련하여 근로기준법에서는 다음과 같이 규정을 두고 있다.

근로기준법 제58조

③ 업무의 성질에 비추어 업무 수행 방법을 근로자의 재량에 위임할 필요가 있는 업무로서 대통령령으로 정하는 업무는 사용자가 근로자 대표와 서면합의로 정한 시간을 근로한 것으로 본다. 이 경우 그 서면합의에는 다음 각 호의 사항을 명시하여야 한다.
1. 대상 업무
2. 사용자가 업무의 수행 수단 및 시간 배분 등에 관하여 근로자에게 구체적인 지시를 하지 아니한다는 내용
3. 근로시간의 산정은 그 서면합의로 정하는 바에 따른다는 내용

재량근로시간제의 실시는 대통령령으로 정한 일정한 업무에 한정되고 근로시간 배분과 업무수행 방법까지 근로자의 재량에 맡기고 실제 근로시간과 관계없이 노사가 서면합의한 시간을 근로시간으로 간주하는 제도이다.

이와 유사한 선택적 근로시간제가 업종에 제한을 두지 않으며 업무수행 방법에 대해 사용자의 지시를 받으면서 근로시간 배분만을 근로자가 자유로 결정하고 실제로 근로한 시간을 정확히 계산하는 것과는 다르다.

재량근로시간제 실시요건
—

재량근로시간제의 실시요건은 1) 재량근로 대상 업무에 해당할 것, 2) 대상 업무 수행의 재량성이 인정될 것, 3) 근로자 대표와 서면합의가 있을

것을 요한다.

1) 재량근로 대상 업무는 근로기준법 시행령에 규정하고 있으며 다음의
   업무에 한하여 재량근로시간제를 도입할 수 있다.

1. 신상품 또는 신기술의 연구개발이나 인문사회과학 또는 자연과학분야의 연구 업무
2. 정보처리시스템의 설계 또는 분석 업무
3. 신문, 방송 또는 출판 사업에서의 기사의 취재, 편성 또는 편집 업무
4. 의복 · 실내장식 · 공업제품 · 광고 등의 디자인 또는 고안 업무
5. 방송 프로그램 · 영화 등의 제작 사업에서의 프로듀서나 감독 업무
6. 그 밖에 고용노동부장관이 정하는 업무

2) 대상 업무를 수행함에 있어 재량성이 담보되어야 하므로 업무 성질에
   내재하는 재량성이 없다면 재량근로로 볼 수 없다. 업무에 재량성이
   있기 위해서는 수행 수단에 대하여 구체적인 지시를 받지 않아야 한
   다. 다만, 사용자가 근로자에게 업무의 기본적인 지시를 하거나 일정
   단계에서 진행 상황을 보고할 의무를 지우는 것은 가능하다. 또한, 근
   로자가 시간 배분에 관하여 구체적인 지시를 받지 않아야 재량근로에
   해당하므로, 사용자가 업무 시작시간 및 업무종료 시간을 준수하도록
   지시하고 지각·조퇴 시 주의를 주거나 임금을 삭감하는 것은 재량근
   로에 해당하지 않는다.

3) 근로자 대표와 서면합의가 있어야 하는데, 서면합의에는 다음의 사항
   이 포함되어야 한다.

1. 대상 업무
2. 사용자가 업무의 수행 수단 및 시간 배분 등에 관하여 근로자에게 구체적인 지시를 하지
   아니한다는 내용
3. 근로시간의 산정은 그 서면합의로 정하는 바에 따른다는 내용

단시간 근로자의 소정근로시간 등 근로조건

11

급여 담당자에게서 김신입에게 연락이 왔다.

"회사에서 교통수당으로 지급하는 금액이 정규직은 10만원인데 단시간 근로자에 대한 규정이 없어요. 단시간 근로자에 대해서는 교통수당을 어떤 기준으로 지급해야 하나요?"

"단시간 근로자에 대한 근로조건은 근로시간에 비례해서 책정하면 됩니다." 김신입이 평소에 알고 있던 대로 대답했다.

"저도 그렇게 알고 있었는데, 해당 근로자가 이의를 제기해서요. 자기는 단시간 근로자이긴 하지만 정규직과 동일하게 출퇴근을 하여 교통비는 동일하게 들어간다고. 그 말을 들으니 일리가 있는 것 같아서요."

"그렇네요, 이건 좀 더 검토해 보고 알려드릴게요."

김신입은 관련 자료를 확인하면서, 노무관리는 알 것 같으면서도 어렵다는 것을 새삼느꼈다.

단시간 근로자의 개념
—

단시간 근로자란 1주간의 소정근로시간(당초 근로자와 사용자 간에 정한 근로시간)이 해당 사업장의 동종 업무에 종사하는 통상근로자의 1주간 소정근로시간에 비하여 짧은 근로자로, 흔히 말하는 아르바이트, 시간제 근로자가 이에 해당된다.

'단시간근로 업무'와 '통상근로 업무'가 동종 업무인지 여부를 판단함에 있어서는 업무의 기능적 분류와 업무의 명칭뿐만 아니라 해당 업무의 수행 작업의 조건, 업무의 난이도 등이 종합적으로 고려되어야 한다.

단시간 근로자의 근로조건

단시간 근로자의 근로조건은 해당 사업장의 동종 업무에 종사하는 통상 근로자의 근로시간을 기준으로 하여 산정한 비율에 따라 결정하는 것이 원칙이며, 이를 '근로시간 비례보호의 원칙'이라고 한다.

1) 근로계약

사용자가 단시간 근로자와 근로계약을 체결할 때에는 근로계약 기간에 관한 사항, 근로시간·휴게에 관한 사항, 임금의 구성항목·계산방법·지불방법에 관한 사항, 휴일·휴가에 관한 사항, 취업 장소와 종사업무에 관한 사항, 근로일 및 근로일별 근로시간에 대하여 서면으로 명시하여야 한다.

2) 임금

단시간 근로자의 임금산정 단위는 '시간급'을 원칙으로 하며, 시간급 임금을 일급 통상임금으로 산정할 경우에는 1일 소정근로시간 수에 시간급 임금을 곱하여 산정한다. '단시간 근로자의 1일 소정근로시간 수'는 4수간의 소정근로시간을 그 기간의 총일수로 나눈 시간 수로 한다.

단시간 근로자의 임금은 동종의 통상근로자와의 비례원칙에 따라 결정되어야 한다. 가족수당·교통수당 등 근로의 질이나 양과 관련이 없는 수당이 통상임금 등과 연계된 정률급이 아니고 정액급으로 지급되는 경우에도 취업규칙 등에 규정하여 비례원칙을 적용할 수 있으나, 취업규칙 등에 통상근로자에 대한 규정만 있고 단시간 근로자에 대한 규정이 없다면 통상근로자와 같은 기준으로 지급하여야 한다.

3) 연장근로

단시간 근로자에 대하여 소정근로시간을 초과하여 근로하게 하는 경우에는 근로자의 동의를 얻어야 하며, 이 경우도 1주간에 12시간을 초과할 수 없다. 만약 사용자가 단시간 근로자 개인의 동의를 얻지 아니하고 초과근로를 하게 하는 경우 단시간 근로자는 이를 거부할 수 있다.

사용자는 단시간 근로자의 초과근로에 대하여 법정근로시간 이내라고 하더라도 통상임금의 50% 이상을 가산하여 지급해야 한다. 예를 들어, 1주 소정근로시간을 10시간으로 정한 단시간 근로자가 11시간을 근무한 경우 소정근로시간을 초과한 1시간은 연장근로에 해당하여 통상임금의 50% 이상의 가산수당을 지급해야 한다.

4) 연차휴가

연차휴가의 경우 통상근로자의 소정근로시간 대비 단시간 근로자의 소정근로시간의 비율에 따른 연차휴가를 부여하면 되고, 이때 1시간 미만은 1시간으로 계산하면 된다.

$$\text{연차휴가} = \frac{\text{통상근로자의}}{\text{연차휴가일수}} \times \frac{\text{단시간근로자의 소정근로시간}}{\text{통상근로자의 소정근로시간}}$$

5) 초단시간 근로자

단시간 근로자라고 하더라도 4주간(4주간 미만으로 근로하는 경우에는 그 주간)을 평균하여 1주간의 소정근로시간이 15시간 미만인 근로자에 대해서는 퇴직금·주휴일·연차휴가에 관한 규정을 적용하지 않는다.

경비원 등 감시·단속적 근로자 적용 제외가 무엇인가?

12

근로시간에 대하여 검토를 하고 있던 황대리가 김신입에게 물었다.

"우리 회사 경비원에 대해서 일반 직원하고 근무조건을 동일하게 하고 있잖아?"

"네, 그런데요?"

"근로기준법을 확인해 보니 감시·단속적 근로자에 대해서는 고용노동부에 승인을 받으면 근로시간·휴게·휴일 규정의 일부가 적용 배제된다고 하네."

"그럼, 고용노동부의 승인을 받으면 경비원을 관리하는데 훨씬 용이할 것 같네요."

"그렇게 생각하지? 고용노동부에서 승인을 어떻게 받는지 구체적으로 확인하고 추진해 보자."

감시 · 단속적 근로자의 개념
—

'감시적 근로자'란 감시 업무를 주 업무로 하면서 상태적으로 정신적·육체적 피로가 적은 업무에 종사하는 자를 말하는 것으로, 이에는 수위, 경비원, 물품감시원, 계수기 감시원, 보일러공, 청원경찰 등이 있다.

한편, '단속적 근로자'란 근로가 간헐적·단속적으로 이루어져 휴게시간이나 대기시간이 많은 업무에 종사하는 자를 말하는 것으로, 통근버스 전용운전원, 돌발적인 사고발생에 대비하는 업무에 종사하는 기계수리공, 실근무시간이 대기 시간의 반 정도 내지 그 이하인 업무에 종사하는 보일러공·취사부 등이 이에 해당한다.

감시·단속적 근로자 적용 제외 승인 요건
—

감시 또는 단속적으로 근로에 종사하는 자로서 근로시간·휴게·휴일에 관한 규정의 적용을 배제하기 위해서는 고용노동부 장관의 승인을 얻어야 하며, 근로감독관 집무 규정에서 감시 또는 단속적 근로자에 대한 근로시간 등 적용제외 승인요건을 정하고 있다.

감시적 근로에 종사하는 자
'감시적 근로에 종사하는 자'의 적용 제외 승인은 다음 각 호의 기준을 모두 갖춘 때에 한한다.
1. 수위·경비원·물품감시원 또는 계수기감시원 등과 같이 심신의 피로가 적은 노무에 종사하는 경우. 다만, 감시적 업무이기는 하나 잠시도 감시를 소홀히 할 수 없는 고도의 정신적 긴장이 요구되는 경우는 제외한다.
2. 감시적인 업무가 본래의 업무이나 불규칙적으로 단시간 동안 타 업무를 수행하는 경우. 다만, 감시적 업무라도 타 업무를 반복하여 수행하거나 겸직하는 경우는 제외한다.
3. 사업주의 지배 하에 있는 1일 근로시간이 12시간 이내인 경우 또는 다음 각 목의 어느 하나에 해당하는 격일제(24시간 교대) 근무의 경우
   가. 수면 시간 또는 근로자가 자유로이 이용할 수 있는 휴게시간이 8시간 이상 확보 되어 있는 경우
   나. 가목의 요건이 확보되지 아니하더라도 공동주택(「주택법 시행령」 제2조제1항 및 「건축법 시행령」 별표 1 제2호 가목부터 라목까지 규정하고 있는 아파트, 연립주택, 다세대주택, 기숙사) 경비원에 있어서는 당사자간의 합의가 있고 다음날 24시간의 휴무가 보장되어 있는 경우
4. 근로자가 자유로이 이용할 수 있는 별도의 수면 시설 또는 휴게 시설이 마련되어 있는 경우

5. 근로자가 감시적 근로자로서 근로시간, 휴게, 휴일에 관한 규정의 적용이 제외된다는 것을 알 수 있도록 근로계약서, 확인서 등에서 명시하고 있는 경우

단속적 근로에 종사하는 자

'단속적 근로에 종사하는 자'의 적용 제외 승인은 다음 각 호의 기준을 모두 갖춘 때에 한한다.

1. 평소의 업무는 한가하지만 기계고장 수리 등 돌발적인 사고발생에 대비하여 간헐적·단속적으로 근로가 이루어져 휴게시간이나 대기시간이 많은 업무인 경우
2. 실 근로시간이 8시간 이내이면서 전체 근무시간의 절반 이하인 업무의 경우
   다만, 격일제(24시간 교대) 근무인 경우에는 이에 대한 당사자간 합의가 있고, 실 근로시간이 전체 근무시간의 절반 이하이면서 다음날 24시간의 휴무가 보장되어야 한다.
3. 대기 시간에 근로자가 자유로이 이용할 수 있는 별도의 수면시설 또는 휴게시설이 마련되어 있는 경우
4. 근로자가 단속적 근로자로서 근로시간, 휴게, 휴일에 관한 규정의 적용이 제외된다는 것을 알 수 있도록 근로계약서, 확인서 등에서 명시하고 있는 경우

감시 또는 단속적 근로의 적용 제외 승인은 근로 형태에 따른 근로자 수를 대상으로 하는 것으로 승인 신청에 근로자의 동의를 요하는 것은 아니므로, 승인 당시의 근로형태 및 업무성질, 근로자 수가 변경되지 않았다면 승인의 효력은 유효하다.

적용 제외 규정
—

감시·단속적 근로에 종사하는 자로서 고용노동부 장관의 승인을 얻은 자에 대해서는 근로기준법 제4장(근로시간과 휴식), 제5장(여성과 소년)의 근로시간·휴게·휴일에 관한 규정의 적용이 배제된다.

따라서 법정기준근로시간, 탄력적 근로시간제, 선택적 근로시간제, 연장근로의 제한, 휴게시간, 주휴일, 연장근로·휴일근로에 대한 가산임금, 근

로시간 등의 특례, 연소근로자의 근로시간, 출산 후 1년이 지나지 않은 근로자의 연장근로 등은 적용되지 않는다.

근로시간·휴게·휴일 관련 사항 중 감시·단속적 근로에 종사하는 자로서 고용노동부 장관의 승인을 얻은 자에게도 적용되는 사항은 근로자의 날, 약정휴일, 야간근로 가산임금, 연소자와 임산부의 야간근로금지, 연차유급휴가, 생리휴가, 출산휴가 등은 적용된다.

주제 5

휴일 · 휴가,
부담 없이 활용하자

주제 5에서 알아볼 내용은 다음과 같다.

격일제 등 근무 유형별 주휴일 부여 방법

01

김신입이 휴일에 쉬고 있는데, 지방에 계신 아버지에게서 전화가 왔다.

"신입아, 잘 지내지? 별일 없고?"

"네, 잘 지내요. 건강은 어떠세요?"

김신입은 아버지의 연세가 높아서 항상 건강이 걱정이었다.

"건강은 괜찮아. 내 걱정하지 말고 밥 잘 챙겨 먹어. 참, 내가 노인정에서 이야기를 하다가 궁금한 것이 있어 전화했다. 내가 아는 친구가 아파트 경비를 하고 있어. 그런데 격일로 계속 출근하고 있는데, 주휴일이 언제인지 모르겠다는 거야. 격일로 계속 출근하고 있으면 주휴일 부여가 안 되는 것이 아니냐?

"격일제는 우리 회사에 없어서 잘 모르겠는데요. 제가 바로 확인해 보고 연락 다시 드릴게요."

주휴일의 개념

근로기준법에는 주휴일에 관한 사항이 규정되어 있는데, 그 내용을 보면 사용자는 근로자에게 1주일에 평균 1회 이상의 유급휴일을 보장해야 하며, 주 1회의 유급휴일을 가질 수 있는 자는 1주간의 소정근로일수를 개근한 자에 한한다고 되어 있다.

대법원은 주휴일 부여의 취지와 관련하여 1주일에 1회 이상의 휴일을 의무화하는 한편 성실 근로를 유도·보상하기 위하여 소정의 근로일수를 개근한 경우에 유급으로 정하였다고 확인하고 있으며, 또한 주휴일은 연속된 근로에서의 피로 회복 등을 위한 것으로서 유급휴일의 특별규정이 적용되기 위해서는 '평상적인 근로관계', 즉 근로자가 근로를 제공하여 왔고 또한 계속적인 근로 제공이 예정되어 있는 상태가 전제되어 있어야 한다고 판시하고 있다.

주휴일의 부여

주휴일은 '1주일'을 기준으로 하고 있는데, 여기서 1주일이라 함은 평균 7일의 기간 마다를 의미하고 그 기간 중 1일을 주휴일로 부여하면 되므로, 주휴일 간의 간격이 반드시 7일이 되어야 하는 것은 아니다. 따라서 1주일에 평균 1일 이상을 주휴일로 부여할 경우에는 주휴일이 동일한 요일이 아니더라도 법위반으로 볼 수 없으며, 주휴일 간의 간격이 7일이 넘는다고 하여도 7일째 되는 근무일이 주휴일이 되는 것도 아니다.

1회의 휴일이란 원칙적으로 0시부터 24시까지의 달력상의 하루를 의미하나, 교대작업 등 근무 형태상 부득이한 경우에는 계속해서 24시간의 휴식을 취할 수 있으면 된다. 이 경우에는 휴무일 중 1일을 지정하여 유급휴일수당을 지급하게 되면 유급주휴일을 부여한 것으로 본다. 주휴일은 반드시 일요일에 주지 않아도 되나, 주중의 일정한 날을 미리 지정해서 규칙적으로 주휴일을 쉴 수 있도록 해야 한다.

유급 주휴일은 2가지 조건인 주 소정근로일을 개근하고 다음 주도 계속 근무하는 것이 필요하기 때문에 1주를 개근하더라도 계약 기간의 만료,

퇴사 등으로 근로관계가 종료되면서 다음 주 근무가 전제되지 않는 경우에는 유급 주휴일이 발생하지 않는다.

또한, 주중에 결근이 있을 경우에는 주휴일은 발생하지만 무급으로 처리되는 것이 원칙이다. 주 소정근로일을 개근하면 주휴일을 유급으로 부여하여야 하므로 취업규칙이나 근로계약 등에서 정한 근로일 수에 모두 출근하여 근무했으면 지각이나 조퇴가 있다고 하더라도 개근으로 처리하여야 한다.

주휴수당의 지급
—

주휴수당은 정상 근로일의 소정근로시간을 기준으로 1일분을 지급해야한다. 월급제의 경우에는 일반적으로 월급 금액에 주휴수당이 포함되어 있는 것으로 보며, 시급제나 일급제의 경우 특별히 주휴수당을 분리하여 명시하지 않은 한 시급·일급 금액에 주휴수당이 포함되어 있다고 볼 수 없으므로 별도의 주휴수당을 산정하여 지급해야 한다.

단시간 근로자에 대해서도 유급주휴일을 주어야 하는데, 이때 유급임금은 일급통상임금을 기준으로 한다. 단시간 근로자의 '일급통상임금'은 시간급에 4주 평균 1일 소정근로시간(당초 근로자와 사용자 간에 정한 근로시간)을 곱한 금액으로 한다. 이 경우 4주 평균 1일 소정근로시간은 4주간의 소정근로시간을 4주간의 총 일수로 나눈 것을 말하며, 4주간의 총 일수란 사업장의 통상근로자의 4주간의 총 소정근로일수를 의미한다. 다만, 1주간 소정근로시간이 15시간 미만인 단시간 근로자는 주휴일 및 주휴수당 지급대상에 해당하지 않는다.

내 연차휴가는 며칠일까?

김신입은 입사한 지 몇 개월이 지났으므로, 회사에서 연차휴가를 사용해도 되는지 궁금했다. 그런데 김신입은 입사한 이후 황대리가 연차휴가를 사용하는 것을 본 적이 없었다.

"대리님은 연차휴가 안 가세요? 지금까지 사용하는 것을 못 보았네요."

"응, 우리 회사는 연차휴가 사용하는 걸 별로 안 좋아해. 업무가 바쁘기도 하고."

"그래도 연차휴가는 사용해야지요? 법적으로 보장된 권리인데……."

"나도 그렇게 생각하긴 하는데, 눈치도 보이고 사용하기가 쉽지 않네."

"그럼, 연차휴가를 얼마나 못 쓴 건가요?"

"내 연차휴가 일수가 얼마나 되는지 계산 한번 해 볼까?"

연차휴가란?
—

연차휴가란 1년을 단위로 하여 근로자에게 휴가를 부여함으로써 근로자에게 정신적·육체적 휴양을 제공하여 노동의 재생산을 도모하고, 근로자가 일과 가정을 양립 시킬 수 있도록 하는 제도이다.

연차휴가 일수를 산정하는 방법은 기본휴가 일수와 가산휴가 일수를 합해서 산정하나, 다소 산정방법이 복잡할 수 있어 주의를 요한다.

기본 휴가 일수
—

사용자는 연차휴가의 기본 휴가 일수로 1년간 80% 이상 출근한 근로자에게 15일의 유급휴가를 주어야 한다.

근로자가 '1년간 80% 이상 출근하였는지 여부'는 1년간의 총 역일(曆日)에서 법령·취업규칙 등에 의하여 근로의무가 없는 것으로 정해진 날을 뺀 일수(소정근로 일수) 중 근로자가 현실적으로 근로를 제공한 출근 일수의 비율(출근율)을 기준으로 판단한다. 즉, 1년의 총 일수인 365일을 의미하는 것이 아니라 365일에서 법정·약정휴일과 휴무일(주 5일제에서 토요일)을 뺀 날이다.

연차휴가 산정을 위한 출근률 계산 시 다음에 해당하는 기간은 출근한 것으로 본다.

1. 업무상의 부상 또는 질병으로 휴업한 기간
2. 임신 중의 여성이 출산휴가, 유사산휴가로 휴업한 기간
3. 육아휴직으로 휴업한 기간

연차휴가로 1년간 80% 이상 출근한 근로자에게 15일의 유급휴가가 부여되나, 계속하여 근로한 기간이 1년 미만인 근로자 또는 1년간 80% 미만 출근한 근로자에게는 15일의 유급휴가가 부여되는 것이 아니라 1개월 개근 시 1일의 유급휴가가 부여된다.

연차휴가의 부여는 근로자별로 입사일을 기준으로 산정하는 것이 원칙이다. 다만, 이렇게 연차휴가를 부여할 경우 근로자별로 별도로 연차휴가를 산정하고 부여하여야 하므로 연차휴가를 산정해야 할 근로자가 많을

경우 연차휴가 업무의 부하가 많이 걸릴 수 있다. 따라서 판례와 행정해석은 노무관리의 편의상 회계연도 기준으로 모든 근로자에게 일괄 부여하는 것도 가능한 것으로 해석하고 있다.

연차휴가를 회계연도 기준으로 부여하는 방법은 다음과 같다.

1. 연도 중 입사자의 경우 입사 연도 말일에 다음 연도에 대하여 발생하는 휴가 일수를 전년도 근속 기간에 비례하여 산정한다.
※ 다음 회계연도에 발생하는 연차휴가 일수
  = (15일 × 근속기간 총 일수 / 365) + 입사일부터 1년간
    1월 개근시 1일씩 발생한 휴가 일수

2. 근로자가 퇴직시 입사일을 기준으로 한 연차휴가 일수보다 근무 기간중 회계연도를 기준으로 한 연차휴가 일수가 적으면 부족한 일수만큼 수당으로 보상해야 한다.

가산휴가 일수

—

사용자는 3년 이상 계속하여 근로한 근로자에게는 기본휴가 일수에 최초 1년을 초과하는 계속근로년수 매 2년에 대하여 1일을 가산한 연차휴가를 주어야 한다. 이 경우 가산휴가를 포함한 총 휴가 일수는 25일을 한도로 한다.

가산휴가일수 계산식 = (근무연수-1) ÷ 2

전년도의 출근률은 기본 휴가일수 산정 시에는 기준이 되지만, 가산휴가 산정을 위한 계속근로년수 계산의 경우에는 출근율과 직접 관계가 없다. 다만, 기본 휴가일수 자체가 발생하지 않는 경우에는 가산휴가도 발생하지 않는다.

1년 미만 근무하고 퇴사한 경우에도
연차휴가가 있을까?

03

생산 팀에서 경영지원 팀으로 연락이 와서 김신입이 받았다.

"입사한지 2개월 밖에 안 되는 직원인데 이번에 퇴사하면서 연차휴가를 사용하지 않았으니 수당을 달라고 하는데, 지급하는 것이 맞나요?"

"그 직원이 그동안 개근을 했어요?"

"네, 두 달 동안 개근하며 성실하게 근무를 했어요. 그런데 개인적인 사정이 생겨서 더 이상 다닐 수가 없다네요."

"그럼, 연차휴가가 발생하고 사용하지 않았으면 연차수당을 지급해야 할 것 같습니다. 자세히 설명 드리죠."

연차휴가의 발생
—

연차휴가의 구체적 기준은 다르나 대부분의 나라에서 도입하고 있는 제도로 1년간 계속 근로한 근로자에게 유급으로 휴가를 부여하는 제도이다.

사용자는 1년간 80% 이상 출근한 근로자에게 15일의 유급휴가를 주어야 한다. 그리고 "계속하여 근로한 기간이 1년 미만인 근로자에게는 1개월간 개근 시 1일의 유급휴가를 주어야 한다."고 규정함으로써 동 규정이 없으면 1년 이상 근무하여야만 연차휴가를 사용할 수 있으나 동 규정을 둠으로써 입사한지 1년 미만자에게도 연차휴가를 사용할 수 있도록 하고 있다.

연차휴가는 법정휴가이므로 '근로기준법 적용대상 근로자'가 연차휴가 부여대상이 된다. 다만, 예외적으로 근로기준법이 적용되지 않는 사업·사업장(상시근로자수 4인 이하인 사업장)이거나 근로기준법상 근로자가 아니면 적용되지 않는다. 또한 상시근로자수가 4인 이상이라고 하더라도 4주를 평균하여 1주 동안의 소정근로시간이 15시간 미만인 협의의 단시간 근로자에 대해서도 연차휴가 규정이 적용되지 않는다.

연차휴가 미사용 수당 지급 여부

연차휴가는 발생한 이후 1년 동안 사용할 수 있으며, 연차휴가를 그 기간 동안 사용하지 못한 경우 연차휴가청구권이 소멸하게 되나, 연차휴가청구권이 소멸하여도 임금청구권은 소멸하지 않는데 이를 '연차휴가 미사용 수당'이라고 한다. 연차휴가 미사용 수당의 지급에 대한 법적근거는 없으나 판례를 통해 정립된 개념으로 휴가 청구권이 있는 마지막 달의 임금 지급일의 임금(통상임금 또는 평균임금으로 계산할 수 있으나 일반적으로 통상임금으로 적용함)을 기준으로 산정하여 지급하도록 하고 있다.

예를 들어, 6개월간 근무하였는데 그 기간 동안 개근을 하였고, 또 그 기간 동안 휴가를 사용한 날도 없을 경우, 6개월간 개근하였으므로 6일의 연차휴가를 사용할 수 있었으나 사용하지 않고 퇴사하였다면 연차휴가 미사용 수당으로 일통상임금의 6일분을 지급받게 된다.

회사가 연차휴가 사용이 의무라고 하는데, 사용해야 할까?

04

경영지원 팀에서 업무관련 회의를 하고 있다.

"올해도 연차휴가 사용촉진을 해야지?"

정팀장의 말에 황대리가 머뭇거리며 대답했다.

"작년에는 연차휴가 사용촉진 업무를 제가 진행했는데, 올해는 다른 업무 때문에 김신입씨가 담당하면 어떨까요?"

황대리의 말을 듣고 정팀장이 김신입을 보며 말했다 .

"김신입씨, 연차휴가 사용촉진에 대해서 알고 있어요?"

"네, 알고는 있는데 한번도 업무를 해 본 적은 없습니다."

"그래, 알고 있다니 이번에 맡아서 해 봐요. 그 전에 연차휴가 사용촉진에 대해서 황대리에게 설명을 듣고, 1년 미만자 사용촉진을 어떻게 할지에 대해서도 협의해서 보고해 주세요."

"네, 검토해서 보고 드리겠습니다."

황대리는 연차휴가 사용촉진 관련 업무를 김신입이 하게 되어 안도의 한숨을 내쉬었다.

연차휴가 사용촉진이란?

—

연차휴가는 1년간 80% 이상 출근한 근로자에게 15일의 유급휴가가 발생한다. 그러나 연차휴가를 사용하지 않았을 때 연차휴가 미사용 수당을 지급하도록 강제하고 있어 휴가 제도의 본래의 취지를 살리지 못하고 금전보상의 수단으로 이용되는 경우가 일부 있다고 판단되었기에 2003년 근로기준법을 개정하면서 연차휴가 사용촉진 제도를 신설하게 되었다.

또한, 1년 미만의 근속 기간 중에 발생하는 연차휴가에 대해서는 기존에는 휴가 사용촉진을 할 수 있는 근거규정이 없어 휴가 사용촉진이 안 되었으나, 2020. 3. 6. 근로기준법 개정안이 통과 되면서 휴가 사용촉진 조치를 할 수 있도록 변경되었다.

연차휴가의 사용촉진은 회사가 연차휴가의 사용을 촉진하기 위하여 법에서 정한 소정의 조치를 하였음에도 불구하고 근로자가 휴가를 사용하지 않아 휴가가 소멸된 경우 회사는 사용하지 않은 휴가에 대하여 수당으로 보상할 의무가 없다는 것이다.

연차휴가 사용촉진은 회사의 의무 사항이 아니고 권한에 속하는 사항으로, 사용촉진을 하지 않을 경우 이 제도의 혜택이 회사에 주어지지 않을 뿐이다.

사용촉진은 사업장의 전체 또는 일부에서 적용될 수 있으며, 근로자의 개별적 또는 집단적인 동의가 필요하지도 않다.

연차휴가 사용촉진의 절차

—

법에서 정하고 있는 연차휴가 사용촉진 절차는 다음과 같다.

① 1년 이상 근로자 연차휴가 사용촉진

1) 연차휴가 청구권이 발생한지 1년이 지나기 6개월 전(예. 회계단위로 연차가 발생할 경우 7월 1일)을 기준으로 하여 10일 이내(예. 7월 10일)에 회사가 근로자별로 사용하지 않은 휴가 일수를 근로자에게 알려주고, 근로자가 사용 시기를 정하여 회사에 통보하도록 서면으로 촉구해야 한다.

2) 근로자가 회사로부터 촉구를 받은 때부터 10일 이내(예. 7월 20일)에 사용하지 않은 휴가의 전부 또는 일부의 사용 시기를 정해 사용자에게 통보하지 않으면 휴가청구권이 발생한지 1년이 지나기 2월전(예. 10월 31일)까지 사용자가 사용 시기를 정해 근로자에게 서면으로 통보해야 한다. 다만, 통보시 이메일이나 사내게시판 게시 등은 서면 통보로 인정되지 않는다.

연차휴가는 발생한 때로부터 1년간 사용할 수 있으므로 '연차휴가 사용 기간 만료일 6개월 전을 기준으로 10일 이내'란 연차휴가 청구권이 발생 하여 1년이 되는 날을 기준으로 6개월 전부터 10일간을 의미한다.

② 1년 미만 근로자 연차휴가 사용촉진

1) 최초 1년의 근로 기간이 끝나기 3개월 전을 기준으로 10일 이내에 사용자가 근로자별로 사용하지 아니한 휴가 일수를 알려주고, 근로자가 그 사용 시기를 정하여 사용자에게 통보하도록 서면으로 촉구할 것. 다만, 사용자가 서면 촉구한 후 발생한 휴가에 대해서는 최초 1년의 근로 기간이 끝나기 1개월 전을 기준으로 5일 이내에 촉구하여야 한다.

2) 제1호에 따른 촉구에도 불구하고 근로자가 촉구를 받은 때부터 10일 이내에 사용하지 아니한 휴가의 전부 또는 일부의 사용 시기를 정하여 사용자에게 통보하지 아니하면 최초 1년의 근로 기간이 끝나기 1개월 전까지 사용자가 사용하지 아니한 휴가의 사용 시기를 정하여 근로자에게 서면으로 통보할 것. 다만, 제1호 단서에 따라 촉구한 휴가에 대해서는 최초 1년의 근로 기간이 끝나기 10일 전까지 서면으로 통보하여야 한다.

회사는 휴가 사용촉진 조치 시기 전에라도 연차휴가에 대한 사용 계획 을 받아 휴가의 사용을 적극적으로 권고할 수 있으나, 이러한 조치가 연차휴가 사용촉진 조치는 아니므로 금전보상의무면제 등 그에 따른 법적 효과는 없다.

연차휴가 사용촉진 조치에 따라 근로자가 사용 시기를 지정하거나 근로자가 지정하지 않아 회사가 사용 시기를 지정한 경우 근로자는 지정된 시기에 휴가를 사용해야 하나 회사의 승인이 있으면 변경할 수 있다. 또한 회사도 지정된 시기에 휴가를 사용할 수 있도록 하여야 하나 사업 운영에 막대한 지장이 있으면 시기변경권을 행사할 수 있다. 근로자가 시기변경일에 동의하면 회사가 변경한 날짜에 휴가를 가야하고 동의하지 않으면 시기변경권 행사일로부터 1년간 휴가 청구권이 이월된다.

회사가 연차휴가 사용촉진 조치를 하여도 근로자가 자신의 귀책사유로 휴가를 사용하지 않으면 휴가 청구권은 소멸하며, 회사는 연차휴가 미사용 수당을 지급하지 않아도 된다.

적법하게 조치되어 지정된 휴가일에 근로자가 출근한 경우 회사는 노무수령 거부 의사를 명확히 표시해야 한다. 명확한 노무수령 거부 의사에도 불구하고 근로를 제공한 근로자에게는 연차휴가 미사용 수당을 지급할 의무가 없다.

연차휴가의 의무사용
—

회사가 연차휴가 사용촉진을 하여 절차를 적법하게 거쳤다면 연차휴가를 사용하기로 한 날에 의무적으로 연차를 사용하여야 할 것이다. 그렇지 않을 경우 연차휴가청구권이 소멸하는 한편, 연차휴가 미사용 수당도 지급 받지 못할 수 있다.

올해 남은 연차휴가를 내년에 계속 사용할 수 있을까?

05

황대리가 달력을 한참 보더니, 혼자말로 푸념하였다.

"올해는 업무가 많아서 연차휴가를 전혀 사용할 수 없겠는데……."

김신입이 그 말을 듣고, 황대리에게 물었다.

"올해 연차휴가를 사용하지 못하면 연차수당으로 밖에 받을 수 없어요? 저는 쉬는 게 더 좋은데."

"나도 쉬는 게 좋은데, 내년이라도 여유가 있을 때 사용할 수 있으면 좋겠다."

"제가 남은 연차 내년에 이월해서 사용할 수 있는지 박노무사님께 여쭤볼까요?"

"응, 그렇게 해 보는 게 좋겠어. 부탁해!"

김신입이 자문노무사인 박노무사에게 전화를 걸었다.

연차휴가가 많이 남았으나 사용할 일수가 부족할 경우 연차휴가수당으로 받는 대신 다음 해에 계속해서 남은 일수의 연차휴가를 사용할 수 있을까?

연차유급휴가청구권이 소멸되기 이전에 사용자가 미리 연차휴가수당을 지급하고 향후 그만큼 휴가를 부여하지 않기로 하는 것은 실질적으로 근로자의 연차휴가청구권을 제한하는 효과를 가져 올 수 있어 근로기준법상의 휴가 제도의 취지에 위반된다. 그러나 연차휴가수당을 지급하였음에도 근로자의 자유로운 휴가 사용을 보장하여 근로자의 연차유급휴가청구권을 제한하지 않는다면 법 위반으로 보기는 어렵다.

이와는 반대로 근로자가 연차유급휴가청구권이 소멸될 경우 연차휴가의 일부는 연차유급휴가청구권으로 받고 일부는 내년에 계속해서 휴가로 사용하겠다고 자발적으로 요구할 경우 그렇게 부여하더라도 무방할 것이다.

이처럼 미사용 연차유급휴가에 대한 금전 보상 대신 이월하여 연차휴가를 사용하도록 당사자 간 합의하는 것은 그러한 합의로 근로자에게 불이익이 발생하지 않기 때문에 가능하다.

다만, 이 경우 퇴직금 산정을 위한 평균임금의 산정이 문제 될 수 있는데, 퇴직 전전년도 출근율에 의하여 퇴직 전년도에 발생한 연차유급휴가 중 미사용한 일수에 대한 연차유급휴가 미사용 수당액의 3/12을 평균임금 산정 시 포함하면 된다.

특정한 날을 연차휴가로 대체할 수 있을까?

06

김신입이 퇴근하려고 하는데 강절친으로부터 연락이 왔다.

"어디야? 업무 마쳤니?"

"응, 이제 퇴근하려고."

"시간 맞추어 잘 왔네. 너 다른 일없지? 너희 회사 앞에 있으니 나와. 오랜만에 한잔하자."

김신입은 강절친을 만나 회사 근처에 유명한 고깃집으로 갔다.

"연락도 없더니 갑자기 왠일이야? 무슨 일 있어?"

"아니, 이 근처로 외근 나왔다가 바로 퇴근하라고 해서 연락했지"

"마침 잘 되었네. 오늘따라 야근도 없어서 내 시간도 딱 좋고."

"참, 한 가지 궁금한 사항이 있는데, 특정한 날을 연차로 대체하는 것 말이야? 너 알고 있어?"

강절친은 김신입에게 연차휴가에 대해 궁금했던 것을 물어보았다.

"응, 연차휴가 대체합의를 하면 그렇게 할 수 있지."

"우리 회사는 개인 연차를 활용해서 하계휴가를 모두 같은 기간에 쉰다고 하네. 그런데 내 연차휴가를 회사가 정한 하계휴가로 쓸 수 있는 거야? 연차휴가는 내가 사용하고 싶은 날에 쓸 수 있는 거 아냐?"

"아, 하계휴가를 연차휴가 대체하여 사용하도록 하고 있나 보네. 내가 자세히 설명해 줄게."

특정한 날을 연차휴가로 대체하여 사용할 수 있는지와 관련하여 근로기
준법은 사용자가 근로자 대표와 서면합의를 할 경우 연차유급휴가일을
갈음하여 특정한 근로일에 근로자를 휴무시킬 수 있도록 하고 있다.

여기서 '특정한 근로일'이란 근로 의무가 있는 소정근로일 중의 특정일
을 의미하므로, 법정휴일 또는 휴가일, 약정휴일 또는 휴가일에 연차휴가
를 대체할 수 없고 통상의 근로일에 대체할 수 있다.

또한 근로자 대표와의 서면합의를 요건으로 하고 있어 근로자 대표와의
서면합의가 없을 경우에는 연차유급휴가를 대체 사용한 것으로 볼 수 없
다. 연차휴가의 대체는 사용자가 근로자 대표와 합의하여 집단적으로 시
행하는 것으로, 일부 대체를 반대하는 근로자가 있다고 하더라도 적용된
다.

참고로 고용노동부 행정해석에 의하면 취업규칙의 제·개정을 통해 유급
휴가 대체를 하고자 할 때에는 사용자측의 개입이나 간섭이 배제된 상태
에서 전 직원의 자유로운 의사에 따라 서면 동의를 거친 경우에 한하여 인
정할 수 있다.

근로자는 연차휴가를 청구하여 사용하고자 하는 특정한 근로일에 휴가
를 사용할 수 있는데, 개별근로자의 계약 체결 시 특정한 근로일에 휴무
를 원하는 근로자에 한하여 자율적으로 연차휴가를 사용하도록 근로계
약을 체결하는 것은 가능하다. 다만, 근로기준법 유급휴가 대체의 취지가
개별근로자의 청구나 동의 없이 근로자 대표와 서면합의에 의해 사용자
가 일방적으로 유급휴가를 대체하는 집단적 성질을 가진 제도이므로 개
별근로자의 청구에 의한 유급휴가 사용과는 달리 보아야 한다.

연장근로한 시간을 휴가로 보상받을 수 있을까?

07

"우리 회사 연장근로가 많잖아? 팀장님이 연장근로에 대해서 수당으로 지급하지 않고 다른 방안을 찾아보라고 하는데, 다른 방법이 없을까?"

황대리가 김신입에게 물었다.

"음, 선택적 보상휴가제라는 것이 있는데 이 제도를 이용하면 수당 대신에 휴가를 부여할 수 있어요. 그런데 근로시간이 부족해서 연장근로를 하는데 보상휴가제를 줄 수 있을지 모르겠어요."

"먼저 그 내용을 자세히 설명해 봐. 여러 가지 방안을 제시해야 하니 그 중 하나로 제시하면 되겠네."

김신입은 자신이 말한 내용에 황대리가 관심을 가지자 기분이 좋은 듯 보상휴가제에 대한 내용을 적극적으로 설명하기 시작했다.

선택적 보상휴가제란?

사용자는 근로자 대표와의 서면합의에 따라 연장근로·야간근로 및 휴일 근로에 대하여 임금을 지급하는 것을 갈음하여 휴가를 줄 수 있는데, 이를 선택적 보상휴가제라고 한다. 선택적 보상휴가제는 근로자와 사용자로 하여금 임금과 휴가에 대한 선택의 폭을 넓히고 실근로시간 단축에 기여하기 위한 제도이다.

도입 및 실시 방법
—

선택적 보상휴가제의 도입 요건으로 근로자 대표와의 서면합의가 있어야 하므로, 이 요건을 갖추지 못하면 효력이 없다. 근로자 대표는 근로자 과반수로 조직된 노동조합이 있으면 그 노동조합, 근로자 과반수로 조직된 노동조합이 없으면 근로자 과반수를 대표하는 자이다. 서면합의는 사용자와 근로자 대표가 서명한 문서의 형태로 작성되어야 한다.

보상휴가의 부여는 연장·야간·휴일근로에 대한 임금과 이에 갈음하여 부여하는 휴가 사이에 동등한 가치가 있어야 하므로, 가산임금까지 감안되어야 한다.

따라서 휴일근로를 2시간 한 경우 가산임금을 포함하여 총 3시간분의 임금이 지급되어야 하므로, 3시간의 보상휴가가 발생하게 된다.

다만, 보상휴가제의 적용대상을 연장근로에 대한 가산임금을 포함한 전체 임금으로 할지, 아니면 가산임금 부분만 할지 등에 대해서는 별도로 정할 수 있다.

보상휴가의 부여는 소정근로시간 중에 부여되어야 하며, 휴가를 시간단위로 부여할 수도 있고, 일단위로 부여할 수도 있으며, 이러한 사항은 서면합의로 정할 수 있다.

지금까지 설명한 내용을 토대로 서면합의를 하여야 하는 사항에 대하여 확인해 보면 다음과 같다.

1) 부여방식 : 근로자의 청구에 의할 것인지, 사용자가 일방적으로 지정할 것인지, 모든 근로자에게 일률적으로 적용할 것인지, 희망하는

근로자에 한하여 적용할 것인지 등을 정함

2) 임금청구권 : 보상휴가 청구권과 임금 청구권을 선택적으로 인정할
   것인지, 임금 청구권을 배제하고 휴가 청구권만 인정할 것인지 등을
   정함
3) 보상휴가 부여기준 : 어느 정도의 기간 동안 연장·야간·휴일근로 시
   간을 적치할 수 있고 휴가를 사용할 수 있는 기간을 언제까지로 할지,
   보상휴가제의 적용 부분을 연장근로 등에 대한 가산수당을 포함한 전
   체로 할 것인지, 가산수당 부분만 할 것인지 등을 정함

  보상휴가제는 임금지급에 갈음하여 휴가를 부여하는 제도로서 근로자
가 휴가를 사용하지 않을 경우 그에 대한 임금이 지급되어야 한다. 따라
서 연차휴가와는 달리 사용자가 휴가사용 촉진조치를 통해 임금지급의
무를 면제 받을 수 없다.

출산전후휴가를 사용하면 급여는 받을 수 있을까?

08

"김신입씨, 요즘 모성보호 관련 규정이 어떻게 변경 되었는지 궁금하네. 출산전후휴가, 배우자 출산휴가 등 관련 내용을 파악해서 간단하게 정리해 줘요."

정팀장이 모성보호 관련 사항의 보장 내용이 강화되고 있다는 말을 어디에서 들었는지 구체적 내용을 알고 싶어 김신입에게 지시하였다.

"말씀하신 모성보호 관련 내용을 확인하고 정리해 드리겠습니다. 언제까지 하면 될까요?"

"급한 것은 아니니 이번 주 중으로 해 줘요."

김신입은 모성보호와 관련하여 출산전후휴가부터 정리하기로 했다.

출산전후휴가의 개념 및 부여방법

—

최근 들어 노동법에서 여성 및 모성보호를 위하여 많은 제도를 도입하고 있으며, 이를 통하여 일과 가정의 양립을 지원하고 있다. 출산전후휴가도 이러한 노력의 일환으로 활용범위가 계속 확대되고 있는 추세이다.

사용자는 임신 중의 여성에게 출산 전과 출산 후를 통하여 90일(한 번에 둘 이상 자녀를 임신한 경우에는 120일)의 출산전후휴가를 주어야 하며,

임신 중의 여성이 유·사산한 경우에도 휴가를 부여하여야 한다.

출산전후휴가는 출·퇴근 성적 또는 근속기간과 관계없이 부여되는 보장적 휴가이다. 따라서 기업규모, 근로자의 종류, 근로형태 등과 관계없이 근로자에게 임신 및 출산이라는 사실에 기초하여 주어진다. 다만, 출산전후휴가는 임신·출산 등으로 소모된 여성근로자의 체력을 회복하는데 목적이 있다. 따라서 입양은 대상이 되지 아니한다.

출산전후휴가 기간은 역(歷)일에 의한 기간으로 출산일을 전후하여 연속 사용해야 한다. 출산전후휴가는 산후에 45일(한 번에 둘 이상 자녀를 임신한 경우에는 60일) 이상이 보장되어야 하므로 출산 전에 45일 이상을 휴가로 사용하여도 출산 후에 45일 이상이 주어져야 한다. 다만, 90일을 초과하는 날수에 해당하는 출산전후휴가는 연차휴가를 대체하거나 무급휴가 등의 방법으로 처리될 수 있다.

출산전후휴가에는 정상 분만뿐만 아니라 유·사산도 포함된다. 따라서 사용자는 임신 중인 여성이 유산 또는 사산한 경우로서 근로자가 청구하면 보호 휴가를 주어야 한다. 다만, 모자보건법에 의해 허용되는 인공임신중절수술이 아닌 인공임신중절수술에 의한 유산은 그렇지 아니하다.

출산전후휴가 급여

—

근로기준법은 출산전후휴가 시 급여 지급과 관련하여 90일의 보호휴가를 부여하는 한편, 휴가 중 최초 60일은 유급으로 한다고 규정하고 있다. 다만, 고용보험에서 나머지 30일분(우선지원 대상기업은 90일분 모두 지급)에 대한 산전후휴가 급여를 지급한다.

근로자가 고용보험으로부터 출산전후휴가 급여를 지급 받기 위해서는 일정한 요건이 충족되어야 한다. 그 요건은 ① 휴가가 끝난 날 이전에 피보험 단위 기간이 통산하여 180일 이상일 것, ② 특별한 사유가 없을 경우 휴가를 시작한 날(우선지원 대상기업이 아닌 경우에는 휴가 개시일 후 60일이 경과한 날) 이후 1월부터 휴가가 끝난 날 이후 12월 이내에 신청할 것으로, 이러한 요건을 충족하여야만 고용보험으로부터 산전후휴가 급여를 받을 수 있다.

고용보험에서 지급하는 출산전후휴가 급여의 수준은 휴가 개시일을 기준일로 하여 산정한 통상임금 상당액이 지급되나 그 상한액과 하한액이 정해져 있다. 출산전후휴가 기간 90일에 대한 통상임금에 상당하는 금액이 600만원을 초과하는 경우 600만원을 상한으로 하는 반면, 출산전후휴가 시작일 당시 적용되던 최저임금법에 따른 시간 단위에 해당하는 최저임금액 보다 시간급 통상임금이 낮은 경우 시간급 최저임금액을 시간급 통상임금으로 하여 출산전후휴가 급여를 책정하게 된다.

배우자 출산휴가를 신청하기 위한 요건이 무엇일까?

09

김신입은 정팀장의 지시에 따라 출산전후휴가에 대해서 검토하여 정리하였고, 다음으로 배우자 출산휴가를 검토하기로 했다.

배우자 출산휴가를 5일로 알고 있었는데 관련 법문을 보니 최근에 휴가 일수가 늘었다는 것을 확인하였다.

"배우자 출산휴가 일수가 많이 늘었구나. 과거에는 일수가 부족할 것 같았는데, 이제는 충분하겠군."

김신입은 자신이 휴가를 사용하게 된다면 어떨까 하고 생각하며 검토하기 시작했다.

배우자 출산휴가의 개념 및 부여방법
—

배우자 출산휴가는 근로자의 배우자가 출산을 할 경우 휴가를 부여하는 것으로, 사업주는 근로자가 배우자의 출산을 이유로 휴가를 청구하는 경우에 10일의 휴가를 유급으로 부여하도록 법에서 정하고 있다.

배우자 출산휴가는 원칙적으로 1회에 한정하여 나누어 사용할 수 있지만, 단체협약이나 취업규칙 등에 추가적인 분할사용이 가능하도록 규정되어 있거나 사업주의 동의가 있다면 추가적인 분할도 가능하다.

배우자 출산휴가는 출산일 이후에 사용하는 것이 원칙이지만 출산을 위한 준비 과정 등을 고려하여 휴가 기간 안에 출산 예정일이 포함되면 출산일 전에도 휴가를 사용할 수 있다.

배우자 출산휴가의 청구는 근로자의 배우자가 출산한 날부터 90일이 지나면 할 수 없다. 따라서 출산한 날부터 90일 이내에 휴가를 시작하면 되고, 종료일은 출산한 날부터 90일을 초과할 수도 있다.

배우자 출산휴가 시 급여

—

배우자 출산휴가 기간에 대해서는 유급으로 하여야 하나, 배우자 출산휴가 기간 동안 출산전후휴가 급여 등이 지급된 경우에는 그 금액의 한도에서 사업주가 지급의 책임을 지지 않는다.

근로자가 배우자 출산휴가를 사용하지 않았다고 하더라도 연차휴가처럼 수당으로 보전 받을 수는 없으며, 사업주는 배우자 출산휴가를 이유로 근로자를 해고하거나 그 밖의 불리한 처우를 할 수 없다.

임신하였을 때 근로시간을 단축할 수 있을까?

10

김신입은 정팀장이 지시한 모성보호 관련 출산전후 휴가, 배우자 출산 휴가 등의 내용을 검토하였으나 내용을 찾다 보니 임신기 근로시간 단축 제도가 있어서 이것도 검토해서 정리하기로 하였다.

김신입이 근무하면서 임신기 근로시간 단축제도를 신청한 사례는 아직 없었던 것 같은데, 정리해 두면 회사 직원이 신청할 경우 당황하지 않을 것으로 생각되었다.

임신기 근로시간 단축이란?

사용자는 임신 후 12주 이내 또는 36주 이후에 있는 여성 근로자가 근로 시간 단축을 신청하는 경우 1일 2시간의 범위 내에서 근로시간 단축을 허 용하여야 하며, 이를 임신기 근로시간 단축이라고 한다.

만약 근로자의 1일 근로시간이 8시간 미만인 경우에는 1일 근로시간이 6 시간이 되도록 근로시간 단축을 허용할 수 있다.

하루 8시간을 소정근로시간으로 하는 전일제 근로자가 임신기 근로시 간 단축을 실시하여 1일 2시간의 근로시간의 단축이 이루어져 하루 6시간 을 근무하더라도 사용자는 근로시간 단축을 이유로 해당 근로자의 임금을 삭감할 수 없다. 이는 임신기 근로시간 단축을 하더라도 경제적 손실이 발생하지 않도록 하여 부담 없이 신청할 수 있도록 하기 위한 취지가 있다.

임신기 근로시간 단축 신청방법

—

근로시간 단축을 신청하려는 여성 근로자는 근로시간 단축 개시 예정일의 3일 전까지 임신기간, 근로시간 단축 개시 예정일 및 종료 예정일, 근무개시 시각 및 종료 시각 등을 적은 문서에 의사의 진단서를 첨부하여 사용자에게 제출하여야 한다.

휴업 및 휴직,
부여 요건을 확인하자

주제 6에서 알아볼 내용은 다음과 같다.

01. 휴업할 경우 수당은 얼마를 받을 수 있을까?

02. 회사가 휴업한다고 하면 의무적으로 따라야 할까?

03. 육아휴직 신청 방법 알기

04. 육아휴직 시 급여는 어떻게 받을 수 있을까?

05. 육아기 근로시간 단축 신청하기

06. 가족돌봄휴직이나 휴가는 언제 사용할 수 있을까?

휴업할 경우 수당은 얼마를 받을 수 있을까?

01

"김신입씨, 직원을 휴업 시킬 경우 회사가 급여를 어떻게 지급해야 하는지, 그리고 유의할 사항이 무엇인지 확인해 주세요."

정팀장은 코로나19가 계속될 경우 직원들을 휴업 시킬 경우가 발생할 수 있어 김신입에게 미리 확인할 것을 지시하였다.

휴업 관련 법규정

코로나19와 경기침체 등 경영 상황의 악화로 직원들이 일을 하고자 함에도 할 일이 없어져 일을 못할 경우와 관련하여 근로기준법은 '사용자의 귀책사유로 휴업하는 경우에 사용자는 휴업 기간 동안 근로자에게 평균임금의 70% 이상의 수당을 지급하여야 한다. 다만, 평균임금의 70%에 해당하는 금액이 통상임금을 초과하는 경우에는 통상임금을 휴업수당으로 지급할 수 있다. 이때 부득이한 사유로 사업을 계속하는 것이 불가능하여 노동위원회의 승인을 받은 경우에는 이 기준에 못 미치는 휴업수당을 지급할 수 있다.'라고 규정하여 휴업을 해야 할 경우에 대한 처리 방안을 마련하고 있다.

휴업이란?

근로기준법이 말하는 '휴업'은 근로계약을 존속시키면서 사업의 전부 또는 일부를 사용자의 결정에 의하여 일정 기간 정지하는 것으로, 개개의 근로자가 근로계약에 따라 근로를 제공하려고 함에도 불구하고 의사에 반하여 제공이 불가능하거나 사용자에 의해 수령이 거부된 경우를 의미한다.

근로기준법에 의한 휴업 규정은 사용자에게 귀책사유가 있을 경우 적용할 수 있는데, '사용자의 귀책사유'란 사용자의 세력 범위 안에서 생긴 경영장애로서 자금난, 원자재 부족, 주문량 감소, 시장 불황과 생산량 감축, 모회사의 경영난에 따른 협력 업체의 자재 및 자금난에 의한 조업 단축 등으로 인한 휴업을 말한다.

다만, 천재지변·전쟁 등과 같은 불가항력, 기타 사용자의 세력 범위에 속하지 않는 기업 외적인 사정과 통상 사용자로서 최대의 주의를 기울여도 피할 수 없는 사고 등 부득이한 사유로 인하여 사업 계속이 불가능하게 된 경우에는 사용자에게 경영 위험의 책임을 물을 수 없으므로 사용자의 귀책사유로 볼 수 없다.

참고로, 사용자의 귀책사유가 안 되는 것으로 판단된 것은 유일한 원료 공급원 상실, 전체 공장의 침수, 계절적 사업인 천일염 업체의 하기휴업, 불법정치파업으로 인한 휴업, 정당한 직장폐쇄, 제3자의 방화로 인한 화재, 천재 기타 자연현상 등에 의한 휴업, 제3자의 출근방해, 외부적 요인에 의한 정전, 자발적인 무급휴직의 신청, 정당한 대기발령과 출근정지 기간, 폭설로 인한 통근버스 운행정지, 근로제공의무가 없는 방학 기간 등이 이에 해당된다.

한편 부득이한 사유로 사업을 계속하는 것이 불가능할 때 노동위원회 승인을 받아 법에서 정한 기준(평균임금의 70%)에 못 미치는 휴업수당을 지급할 수 있도록 하고 있는데, 이때 노동위원회 승인을 꼭 받아야 하는지가 문제된다. 이와 관련하여 대법원 판례에서는 아무리 객관적으로 부득이한 사유로 인하여 사업 계속이 불가능하다 할지라도 노동위원회로부터 승인을 받지 못하면 법에서 정한 휴업수당의 지급을 면할 수 없다고 판시하고 있다.

휴업수당 산정

—

휴업 기간 중에 근로자가 임금의 일부를 지급받고 있는 경우 평균임금과 지급받은 금액과의 차액의 70% 이상을 지급해야 한다. 이 경우 나머지 금액의 70% 상당액이 그 기간 중의 통상임금보다 많으면 통상임금으로 휴업수당을 지급하며, 휴업수당을 통상임금으로 지급하는 경우에는 통상임금에서 휴업 기간 중에 이미 지급받은 임금을 뺀 차액을 지급한다.

참고로, 부당해고 기간 중 근로자에게 중간 수입이 있는 경우 중간 수입의 공제는 평균임금의 70%를 초과하는 범위 내에서 가능하다.

회사가 휴업한다고 하면 의무적으로
따라야 할까?

02

김신입이 오전 중에 회의 등 업무로 바빠서 핸드폰을 확인 못하다가 점심시간이 되어서 핸드폰을 확인해 보니 강절친으로 부터 여러 번 전화가 와 있었다.

'뭔가 급한 일이 생겼나?'라고 생각하며 강절친에게 전화를 했다.

강절친은 전화를 받자마자 "전화 통화가 왜 이렇게 힘들어?" 하며 볼멘소리를 했다.

"응, 오전에 회의가 있어서 바빴어. 무슨 일 있니? 여러 번 전화했네."

"오늘 아침에 출근하니 회사에서 휴업을 하겠다고 통보를 하더라. 전직원이 휴업을 하는 것은 아니고 교대로 돌아가면서 휴업을 하겠다고 하네. 회사에 입사한 지도 얼마 되지 않았는데 참, 황당하네. 회사의 휴업명령에 따라야만 해?"

"그런 일이 있었구나. 마침 내가 팀장님의 지시로 휴업에 대해 검토를 하고 있었는데……."

김신입은 알고 있는 범위에서 강절친에게 설명해 주었다.

휴업이란 근로자가 근로계약상의 근로를 제공하려고 함에도 불구하고

의사에 반하여 근로를 제공할 수 없거나 사용자에 의해 근로를 제공받는 것이 거부된 상태이다.

이처럼 근로자가 근로를 제공하려고 하나 사용자의 책임 있는 사유로 근로를 제공하지 못하면 근로자는 이 기간에 대해서도 임금을 청구할 수는 있으나, 임금 청구를 위하여 사용자의 고의 또는 과실이 인정되어야 한다.

설사 사용자의 고의 또는 과실이 인정된다고 하더라도 사용자가 지급하지 않을 경우에는 민사소송 절차를 거쳐야 하기 때문에 시간과 비용이 많이 들어갈 수 있다.

이러한 번거로운 문제를 해결하기 위하여 근로기준법은 사용자의 귀책 사유로 휴업하는 경우에 휴업 기간 동안 근로자에게 평균임금의 70% 이상의 수당을 지급하도록 정하여 강제하고 있는 것이다.

휴업의 개념과 휴업수당의 취지 등을 고려할 때 사용자는 자신의 세력 범위 내에서 생긴 경영 장애를 이유로 일방적으로 휴업을 결정할 수 있다고 할 것이다. 이처럼 사용자가 일방적으로 휴업을 결정하여 근로를 제공받지 않기에 사용자는 휴업을 하는 근로자에게 휴업수당을 지급하여 책임을 지게 된다.

따라서 회사의 휴업 결정을 이유로 근로관계를 종료하지 않는 한 이러한 결정을 따라야 할 것이다.

재무 팀에서 근무하고 있던 김대리가 김신입을 찾아왔다.

"김신입씨, 하나 물어 볼게 있어서 왔는데, 커피 한잔 하실래요?"

"네, 그러시죠."

둘은 휴게실로 가서 커피를 뽑은 후 비어 있는 테이블에 앉았다.

"다름이 아니라 제가 요즘 육아 문제로 업무와 병행하기가 어렵게 되어 육아휴직을 사용할 수 있을지 여쭤 보려구요. 그동안 친정엄마가 아이를 돌봐 주셨는데, 갑자기 일이 생겨서 어렵게 되었거든요."

"걱정이 많겠네요. 알겠습니다. 육아휴직 신청 방법에 대해서 구체적으로 알려드릴게요."

육아휴직이란?

육아휴직은 만 8세 이하 또는 초등학교 2학년 이하의 자녀(입양한 자녀 포함)가 있는 근로자가 자녀의 양육을 위하여 신청하는 휴직이다. 육아휴직을 부여하도록 한 것은 근로자의 육아 부담을 해소하고 계속 근로를 지원함으로써 근로자의 생활안정 및 고용안정을 도모하는 한편, 기업의 숙련 인력 확보를 지원하기 위한 것이다.

육아휴직을 부여하기 위해서는 육아를 목적으로 근로자가 휴직을 신청하여야 한다. 육아를 목적으로 하기 때문에 자녀를 키우기 위한 목적이 인정되어야 한다. 따라서 해당 자녀를 직접 키울 수 없게 된 때에는 육아휴직이 인정되지 않는다.

육아휴직의 신청

육아휴직 신청권자는 여성근로자 및 남성근로자 모두 가능하며 출산 부모뿐 아니라 입양 및 대리 부모까지 포함된다. 다만, 육아휴직을 개시하고자 하는 날의 전날까지 해당 사업에서의 계속근로 기간이 6개월 미만인 근로자에게는 육아휴직의 신청이 인정되지 않는다.

육아휴직을 신청하고자 하는 근로자는 육아휴직 개시 예정일의 30일 전까지 육아휴직 대상인 영아의 성명·생년월일, 육아휴직 개시일 및 종료 예정일, 육아휴직 신청연월일, 신청인 등에 대한 사항을 기재한 신청서를 사업주에게 제출하여야 한다. 다만, 아래의 항목 중 하나에 해당할 경우에는 육아휴직 개시 예정일 7일 전까지 육아휴직 신청을 할 수 있다.

1) 출산 예정일 이전에 자녀가 출생한 경우
2) 배우자의 사망, 부상, 질병 또는 신체적·정신적 장애나 배우자와의 이혼 등으로 해당 영유아를 양육하기 곤란한 경우

근로자가 육아휴직을 신청한 때에는 신청일부터 30일 이내에, 출산 예정일 이전에 자녀가 출생한 경우 등에 해당하여 육아휴직을 신청한 경우에는 신청일부터 7일 이내에 사업주는 육아휴직 개시일을 지정하여 육아휴직을 허용하여야 한다. 사업주는 육아휴직을 신청한 근로자에게 해당 자녀의 출생 등을 증명할 수 있는 서류의 제출을 요구할 수 있다.

육아휴직 변경신청

—

　육아휴직을 신청한 근로자는 휴직 개시 예정일 전에 출산 예정일 이전에 자녀가 출생한 경우 등에 해당하는 사유가 발생한 때에는 사업주에게 그 사유를 명시하여 휴직 개시 예정일을 당초의 예정일 전으로 변경하여 줄 것을 신청할 수 있다.

　근로자는 휴직 종료 예정일을 연기하려는 경우에는 1회에 한하여 연기할 수 있다. 이 경우 당초의 휴직 종료 예정일 30일 전(출산 예정일 이전에 자녀가 출생한 경우 등의 사유로 휴직 종료 예정일을 연기하려는 경우에는 당초의 예정일 7일 전)까지 사업주에게 신청하여야 한다.

육아휴직 신청의 철회

—

　육아휴직을 신청한 근로자는 휴직 개시 예정일의 7일 전까지 사유를 밝혀 그 신청을 철회할 수 있다. 또한, 근로자가 육아휴직을 신청한 후 휴직 개시 예정일 전에 아래의 어느 하나에 해당하는 사유가 발생하면 그 육아휴직 신청은 없었던 것으로 본다. 이 경우 근로자는 지체 없이 그 사실을 사업주에게 알려야 한다.

1) 해당 영유아의 사망
2) 양자인 영유아의 파양 또는 입양의 취소
3) 육아휴직을 신청한 근로자가 부상, 질병 또는 신체적 · 정신적 장애나 배우자와의 이혼 등으로 해당 영유아를 양육할 수 없게 된 경우

육아휴직 시 급여는 어떻게 받을 수 있을까?

04

김대리는 김신입이 설명해 주는 육아휴직 신청 방법에 대해 자세한 설명을 듣고, 궁금한 것을 질문했다.

"신입씨가 자세히 설명해 주니 이해가 되네요. 그런데 육아휴직 기간 동안 급여를 받을 수 있다고 하던데, 맞나요?"

"네, 육아휴직 시 회사에서 나가는 급여는 없지만, 고용보험에서 육아휴직급여를 지급해 줘요."

"고용보험에서 지급하는 금액이 얼마나 되는지 알아요?"

"맛있는 커피도 사주셨으니 이것도 설명을 드려야겠네요."

김신입은 자신이 알고 있는 육아휴직급여에 대하여 설명해 주었다.

육아휴직급여 지급요건 및 신청
—

육아휴직 시 육아휴직을 신청한 근로자가 업무를 수행한 것이 아니기 때문에 사업주가 해당 기간의 급여를 지급할 의무는 없다. 육아휴직을 실시한 근로자는 고용센터로부터 육아휴직급여를 받을 수 있는데, 육아휴직급여의 지급 대상은 사업주로부터 30일 이상 육아휴직을 부여받고, 육아휴직 개시일 이전에 피보험 단위 기간이 모두 합해서 180일 이상 되어야 한다.

육아휴직급여를 지급받으려는 사람은 육아휴직을 시작한 날 이후 1개월부터 육아휴직이 끝난 날 이후 12개월 이내에 신청하여야 한다. 다만, 아래의 사유로 해당 기간에 육아휴직급여를 신청할 수 없었던 사람은 그 사유가 끝난 후 30일 이내에 신청하여야 한다.

> 1) 천재지변
> 2) 본인이나 배우자의 질병·부상
> 3) 본인이나 배우자의 직계존속 및 직계비속의 질병·부상
> 4) 「병역법」에 따른 의무복무
> 5) 범죄혐의로 인한 구속이나 형의 집행

피보험자가 육아휴직급여 지급신청을 하는 경우 육아휴직 기간 중에 이직하거나 아래의 표에서 정하는 기준에 해당하는 취업을 한 사실이 있는 경우에는 해당 신청서에 그 사실을 기재하여야 한다.

> 1) 1주 동안의 소정근로시간이 15시간 이상인 경우
> 2) 자영업을 통한 소득 또는 근로를 제공하여 그 대가로 받은 금품이 영 제95조제1항제1호 단서에 따른 월 상한액(150만원) 이상인 경우

육아휴직급여의 신청은 육아휴직을 시작한 날 이후 1개월부터 매월 단위로 신청하되, 당월 중에 실시한 육아휴직에 대한 급여의 지급 신청은 다음 달 말일까지 해야 한다. 다만, 매월 신청하지 않고 기간을 적치하여 신청하는 것도 가능한데, 이 경우 육아휴직이 끝난 날 이후 12개월 이내에 신청하지 않을 경우 육아휴직급여를 지급받지 못하니 주의가 필요하다.

육아휴직급여 지급액

—

육아휴직급여로 지급되는 금액은 육아휴직 시작일 부터 3개월까지는 통상임금의 80%(상한액 : 월 150만원, 하한액 : 월 70만원)를 육아휴직 급여액으로 지급하고, 육아휴직 4개월째부터 육아휴직 종료일까지 통상임금의 50%(상한액 : 월 120만원, 하한액 : 월 70만원)를 육아휴직 급여액으로 지급한다. 단, 육아휴직 급여액의 25%는 직장 복귀 6개월 후에 합산하여 일시불로 지급하나, 근로자의 귀책사유가 없는 비자발적인 사유(구직급여 수급자격 제한 기준을 동일하게 적용)로 육아휴직 종료 후 복직하여 6개월 이전에 퇴사한 경우에도 육아휴직 복귀 후 지급금(25%)을 지급한다.

참고로 위에서 말한 육아휴직급여는 2020년 현재 기준이며, 지급되는 금액 등 기준이 자주 변경되므로 육아휴직 신청 시점에 다시 확인해 보는 것이 필요하다.

육아휴직급여의 지급대상 기간이 1개월이 안 되는 달에 대해서는 일수로 계산하여 지급하며, 육아휴직 기간 중 사업주로부터 육아휴직을 이유로 금품을 지급받은 경우로서 매월 단위로 육아휴직 기간 중 지급받은 금품과 육아휴직급여의 75%에 해당하는 금액(하한액 70만원)을 합한 금액이 육아휴직 시작일 기준으로 월 통상임금을 초과한 경우에는 초과한 금액을 육아휴직급여의 75%에 해당하는 금액에서 빼고 지급한다.

같은 자녀에 대하여 부모가 순차적으로 모두 육아휴직을 사용하는 경우, 두 번째 사용한 부모의 육아휴직 3개월 급여를 통상임금의 100%(상한 250만원)로 상향하여 지급한다. 이러한 육아휴직 보너스제가 적용된 달은 육아휴직급여 사후지급분 제도(육아휴직급여의 25%는 육아휴직급여 종료 후 복귀하여 6개월 이상 근무한 경우에 지급)는 적용되지 않는다.

부모가 같은 자녀에 대하여 순차적으로 사용하는 경우 두 번째 육아휴직을 사용한 경우 지급되며, 육아기 근로시간 단축을 사용한 경우와 부부가 같은 자녀에 대하여 동시에 육아휴직을 사용하는 경우에는 육아휴직 보너스제 급여 지급대상이 아니다.

또한, 한 부모 근로자는 첫 3개월 통상임금 100%(상한 250만원), 4~6개월 통상임금 80%(상한 150만원), 7~12개월 통상임금 50%(상한 120만원)를 지원한다.

급여의 지급제한
—

피보험자가 육아휴직급여 기간 중에 이직하거나 새로 취업한 경우에는 이직 또는 취업하였을 때부터 육아휴직급여를 지급하지 않는다.

또한, 거짓이나 그 밖의 부정한 방법으로 육아휴직급여를 받았거나 받으려 한 자에게는 급여를 받은 날 또는 받으려 한 날부터의 육아휴직급여를 지급하지 않는다. 다만, 그 급여와 관련된 육아휴직 이후에 새로 육아휴직급여 요건을 갖춘 경우 새로운 요건에 따른 육아휴직 급여는 그러하지 아니하다.

육아기 근로시간 단축 신청하기

05

재무 팀 김대리가 김신입에게 상담을 받고 돌아간 후 며칠이 지났음에도 육아휴직 신청을 하지 않더니 김대리가 다시 찾아왔다.

"육아휴직을 신청하려고 팀장님께 말씀드렸더니 현재 업무를 하려면 내가 꼭 필요하다고 말씀하시면서 다른 방법을 찾아보자고 하시네요. 혹시 알고 있는 좋은 방법이 없을까요?"

"육아휴직처럼 출근하지 않고 육아를 할 수는 없지만, 근무시간을 줄여서 어린이집에 데려다 주고 데려올 수 있는 방법은 있을 것 같습니다."

"그게 뭔데요?"

"육아기 근로시간 단축이라는 제도가 있는데요. 육아휴직과는 달리 근로시간을 줄여서 육아를 할 수 있도록 하는 제도입니다. 구체적으로 설명해 드리죠."

육아기 근로시간 단축이란?
—

육아기 근로시간 단축은 근로자가 만 8세 이하 또는 초등학교 2학년 이하의 자녀를 양육하기 위하여 근로시간을 단축하는 것으로, 사업주는 근로자가 육아기 근로시간 단축을 신청하는 경우에 허용하여야 한다. 다만,

대체인력 채용이 불가능한 경우, 정상적인 사업 운영에 중대한 지장을 초래하는 경우 등에는 허용하지 아니할 수 있는데, 구체적으로는 아래와 같다.

1) 단축 개시 예정일의 전날까지 해당 사업에서 계속 근로한 기간이 6개월 미만인 근로자가 신청한 경우
2) 사업주가 「직업안정법」 제2조의2제1호에 따른 직업안정 기관에 구인신청을 하고 14일이상 대체인력을 채용하기 위하여 노력하였으나 대체인력을 채용하지 못한 경우. 다만, 직업 안정기관의 장의 직업소개에도 불구하고 정당한 이유 없이 2회 이상 채용을 거부한 경우는 제외함
3) 육아기 근로시간 단축을 신청한 근로자의 업무 성격상 근로시간을 분할하여 수행하기 곤란하거나 그 밖에 육아기 근로시간 단축이 정상적인 사업 운영에 중대한 지장을 초래하는 경우로서 사업주가 이를 증명하는 경우

사업주가 육아기 근로시간 단축을 허용하지 아니하는 경우에는 해당 근로자에게 사유를 서면으로 통보하고 육아휴직을 사용하게 하거나 출근 및 퇴근 시간 조정 등 다른 조치를 통하여 지원할 수 있는지를 해당 근로자와 협의하여야 한다.

사업주가 근로자에게 육아기 근로시간 단축을 허용하는 경우 단축 후 근로시간은 주당 15시간 이상이어야 하고 35시간을 넘어서는 안 된다. 이는 주당 15시간 미만의 경우 고용보험 적용 제외자가 될 수 있어 최저 시간을 15시간 이상으로 규정하였으며, 상한을 규정하지 않을 경우 단축의 취지가 없어질 우려가 있으므로 35시간으로 상한을 규정하였다.

육아기 근로시간 단축의 기간은 1년 이내로 한다. 다만, 육아휴직을 신청할 수 있는 근로자가 육아휴직 기간 중 사용하지 아니한 기간이 있으면 그 기간을 가산한 기간 이내로 한다.

사업주는 육아기 근로시간 단축을 이유로 해당 근로자에게 해고나 그 밖의 불리한 처우를 하여서는 아니 되며, 육아기 근로시간 단축 기간이 끝

난 후에 그 근로자를 육아기 근로시간 단축 전과 같은 업무 또는 같은 수준의 임금을 지급하는 직무에 복귀시켜야 한다.

육아기 근로시간 단축 중 근로조건
—

사업주는 육아기 근로시간 단축을 하고 있는 근로자에 대하여 근로시간에 비례하여 적용하는 경우 외에는 육아기 근로시간 단축을 이유로 그 근로조건을 불리하게 하여서는 안 된다.

육아기 근로시간 단축을 한 근로자의 근로조건(육아기 근로시간 단축 후 근로시간을 포함)은 사업주와 그 근로자 간에 서면으로 정한다.

사업주는 육아기 근로시간 단축을 하고 있는 근로자에게 단축된 근로시간 외에 연장근로를 요구할 수 없다. 다만, 근로자가 명시적으로 청구하는 경우에는 주 12시간 이내에서 연장근로를 시킬 수 있다.

육아기 근로시간 단축을 한 근로자에 대하여 평균임금을 산정하는 경우에는 육아기 근로시간 단축 기간을 평균임금 산정기간에서 제외한다.

연차휴가 산정 시 육아기 근로시간 단축 기간도 포함하여 출근률을 계산하며, 육아기 근로시간 단축 기간의 연차유급휴가 일수는 단시간 근로자의 경우와 마찬가지로 통상근로자의 연차휴가 일수를 근로한 시간에 비례하여 계산한다.

육아휴직과 육아기 근로시간 단축의 사용형태
—

육아휴직은 1회에 한정하여 나누어 사용할 수 있다. 육아기 근로시간 단축의 경우에도 나누어 사용할 수 있는데, 나누어 사용하는 1회의 기간은 3개월(근로계약기간의 만료로 3개월 이상 근로시간 단축을 사용할 수 없는 기간제근로자에 대해서는 남은 근로계약기간) 이상이 되어야 한다.

육아기 근로시간 단축 급여

—

육아기 근로시간 단축을 30일 이상 실시한 피보험자 중 육아기 근로시간 단축을 시작한 날 이전에 피보험 단위기간이 합산하여 180일 이상인 피보험자에게 육아기 근로시간 단축 급여를 지급한다.

육아기 근로시간 단축 급여를 지급받으려면 육아기 근로시간 단축을 시작한 날 이후 1개월부터 끝난 날 이후 12개월 이내에 신청하여야 한다.

다만, 해당 기간에 다음의 사유로 육아기 근로시간 단축 급여를 신청할 수 없었던 사람은 그 사유가 끝난 후 30일 이내에 신청하여야 한다.

1) 천재지변
2) 본인이나 배우자의 질병·부상
3) 본인이나 배우자의 직계존속 및 직계비속의 질병·부상
4) 「병역법」에 따른 의무복무
5) 범죄혐의로 인한 구속이나 형의 집행

육아기 근로시간 단축 급여액은 다음 계산식에 따라 정한다. 다만, 육아기 근로시간 단축 급여의 지급대상 기간이 1개월을 채우지 못하는 경우에는 다음의 계산식에 따라 산출된 금액을 그 달의 일수로 나누어 산출한 금액에 그 달에 육아기 근로시간 단축을 사용한 일수를 곱하여 산정한다.

(매주 최초 5시간 단축분) 육아가 근로시간 단축 개시일을 기준으로 근로기준법에 따라 산정한 월 통상임금에 행당하는 금액(200만원을 상한액으로 하고, 50만원을 하한액으로 한다.)	X	$\dfrac{5}{\text{단축 전 소정근로시간}}$
(나머지 근로시간 단축분)육아기 근로시간 단축 개시일을 기준으로 근로기준법에 따라 산정한 월 통상임금의 100분의 80에 해당하는 금액(150만원을 상한액으로 하고, 50만원을 하한액으로 한다.)	X	$\dfrac{\text{단축 전 소정근로시간 -}}{\text{단축 후 소정근로시간 - 5}}$ 단축 전 소정근로시간

육아기 근로시간 단축 급여의 신청에 필요한 사항은 다음과 같다.

육아기 근로시간 단축 급여를 지급받으려는 사람은 별지 제100호 서식의 육아휴직(육아기 근로시간 단축)급여 신청서에 다음의 서류를 모두 첨부하여 신청인의 거주지나 사업장의 소재지 관할 직업안정 기관의 장(고용센터)에게 제출하여야 한다. 이 경우 신청인의 거주지나 사업장의 소재지 관할 직업안정 기관의 장은 행정정보의 공동이용을 통하여 주민등록표 등본, 가족관계증명서를 확인해야 하며, 신청인이 확인에 동의하지 아니하는 경우에는 이를 첨부하도록 하여야 한다.

1) 육아기 근로시간 단축 확인서 1부(최초 1회로 한정)
2) 육아기 근로시간 단축 전·후의 소정근로시간, 통상임금 등의 근로조건을 확인할 수 있는 증명 자료(임금대장, 근로계약서 등) 사본 1부
3) 육아기 근로시간 단축기간 동안 사업주로부터 지급받은 금품을 확인할 수 있는 자료(단축된 소정근로시간을 초과한 근로를 이유로 지급받은 금품은 별도로 확인할 수 있어야 함) 사본 1부

육아기 근로시간 단축 급여는 매월 단위로 지급을 신청하여야 한다. 이 경우 해당 월 중에 실시한 육아기 근로시간 단축분에 대한 급여의 지급 신청은 다음 달 말일까지 하여야 한다.

가족돌봄휴직이나 휴가는 언제 사용할 수 있을까?

06

생산 팀 팀장이 경원지원 팀으로 연락을 해서 김신입이 받았다.

"우리 팀원 중에 가족이 아파서 계속 연차휴가를 써서 병간호를 한 친구가 있습니다. 그런데 한동안 더 병간호를 해야 할 것 같은데, 이제 남은 연차휴가가 없어요. 참 성실한 친구라서 꼭 도와주고 싶은데 방법이 없을까요?"

"그런 경우 가족돌봄휴직이나 휴가를 쓸 수 있습니다. 그 휴가를 쓸 수 있는 요건을 갖추었는지 확인을 해야 하니 누군지 알려주시면 제가 연락을 해서 조치를 취하겠습니다."

"네, 감사합니다. 잘 부탁드리겠습니다."

가족돌봄과 관련한 법제도는 가족돌봄휴직과 가족돌봄휴가가 있다. 이 두 제도에 대하여 설명하면 다음과 같다.

가족돌봄휴직

—

'가족돌봄휴직'은 근로자가 조부모, 부모, 배우자, 배우자의 부모, 자녀 또는 손자녀(이하 '가족'이라 한다.)의 질병, 사고, 노령으로 인하여 가족을 돌보기 위하여 휴직을 신청하는 것이다.

사용자는 대체인력 채용이 불가능한 경우, 정상적인 사업 운영에 중대한 지장을 초래하는 경우, 본인 외에도 조부모의 직계비속 또는 손자녀의 직계존속이 있는 경우 등 대통령령으로 정하는 경우를 제외하고 가족돌봄휴직을 허용하여야 한다.

여기서 '대통령령으로 정하는 경우'란 ① 돌봄휴직 개시 예정일의 전날까지 해당 사업에서 계속 근로한 기간이 6개월 미만인 근로자가 신청한 경우, ② 부모, 배우자, 자녀 또는 배우자의 부모를 돌보기 위하여 가족돌봄휴직을 신청한 근로자 외에도 돌봄이 필요한 가족의 부모, 자녀, 배우자 등이 돌봄이 필요한 가족을 돌볼 수 있는 경우, ③ 조부모 또는 손자녀를 돌보기 위하여 가족돌봄휴직을 신청한 근로자 외에도 조부모의 직계비속 또는 손자녀의 직계존속이 있는 경우(다만, 조부모의 직계비속 또는 손자녀의 직계존속에게 질병, 노령, 장애 또는 미성년 등의 사유가 있어 신청한 근로자가 돌봐야 하는 경우는 제외), ④ 사업주가 직업안정 기관에 구인신청을 하고 14일 이상 대체인력을 채용하기 위하여 노력하였으나 대체인력을 채용하지 못한 경우(다만, 직업안정 기관의 장의 직업소개에도 불구하고 정당한 이유 없이 2회 이상 채용을 거부한 경우는 제외), ⑤ 근로자의 가족돌봄휴직으로 인하여 정상적인 사업 운영에 중대한 지장이 초래되는 경우로서 사업주가 이를 증명하는 경우이다.

가족돌봄휴직 기간은 연간 최장 90일로 하며, 이를 나누어 사용할 수 있으며, 나누어 사용하는 1회의 기간은 30일 이상이 되어야 한다. 가족돌봄휴직을 이유로 해당 근로자를 해고하거나 근로조건을 악화시키는 등 불리한 처우를 하여서는 아니 되며, 가족돌봄휴직 기간은 근속기간에 포함된다.

가족돌봄휴직을 신청하려는 근로자는 가족돌봄휴직을 시작하려는 날의 30일 전까지 가족돌봄휴직 기간 중 돌보는 대상인 가족의 성명, 생년월일, 돌봄이 필요한 사유, 돌봄휴직 개시 예정일, 가족돌봄휴직을 종료하려는 날, 가족돌봄휴직 신청 연월일, 신청인 등에 대한 사항을 적은 문서(전자문서 포함)를 사업주에게 제출하여야 한다.

사업주는 근로자가 가족돌봄휴직을 시작하려는 날의 30일 이내에 가족돌봄휴직을 신청한 경우에는 신청일부터 30일 이내로 가족돌봄휴직 개시일을 지정하여 가족돌봄휴직을 허용하여야 한다. 사업주는 가족돌봄휴직을 신청한 근로자에게 돌봄이 필요한 가족의 건강 상태, 신청인 외의 가족 등의 돌봄 가능 여부 등 근로자의 가족돌봄휴직의 필요성을 확인할 수 있는 서류의 제출을 요구할 수 있다.

가족돌봄휴가

 —

'가족돌봄휴가'란 근로자가 가족(조부모 또는 손자녀의 경우 근로자 본인 외에도 직계비속 또는 직계존속이 있는 등 조부모 또는 손자녀를 돌보기 위하여 가족돌봄휴가를 신청한 근로자 외에도 조부모의 직계비속 또는 손자녀의 직계존속이 있는 경우는 제외)의 질병, 사고, 노령 또는 자녀의 양육으로 인하여 긴급하게 가족을 돌보기 위한 휴가를 신청하는 것이며, 근로자가 청구한 시기에 가족돌봄휴가를 주는 것이 정상적인 사업 운영에 중대한 지장을 초래하는 경우에는 근로자와 협의하여 시기를 변경할 수는 있으나 신청 시 휴가를 허용하여야 한다.

가족돌봄휴가 기간은 연간 최장 20일로 하며 일 단위로 사용할 수 있고, 가족돌봄휴가 기간은 가족돌봄휴직 기간에 포함된다. 가족돌봄휴가를 이유로 해당 근로자를 해고하거나 근로조건을 악화시키는 등 불리한 처우를 하여서는 아니 되며, 가족돌봄휴가 기간은 근속기간에 포함된다.

　가족돌봄휴가를 신청하려는 근로자는 가족돌봄휴가를 사용하려는 날, 가족돌봄휴가 중 돌보는 대상인 가족의 성명·생년월일, 가족돌봄휴가 신청 연월일, 신청인 등에 대한 사항을 적은 문서(전자문서를 포함한다.)를 사업주에게 제출해야 한다.

주제 7

인사이동과 근로관계의 변동, 따라야 할까?

주제 7에서 알아볼 내용은 다음과 같다.

01. 다른 지역으로 인사발령을 받았는데
    따라야 할까?

02. 계열사로 전출을 갈 때 어떤 사항을
    주의하여야 할까?

03. 계열사로 전적할 경우 근속기간은 어떻게 될까?

04. 영업양도로 고용승계 시 퇴직금 및
    연차휴가는 어떻게 될까?

다른 지역으로 인사발령을 받았는데 따라야 할까?

01

정팀장이 황대리를 회의실로 불렀다.

"황대리, 요즘 부산 지사에 노무 문제가 좀 있잖아."

"네, 알고 있습니다. 상황이 더 안 좋아지는 것 같던데요."

"그래서 말이야. 황대리가 부산 지사로 가사 그 업무를 좀 수행했으면 하는데, 가능하겠어?"

갑작스런 부산 지사 전보 제안에 황대리는 당황하는 듯하였다.

"부산 지사에 가면 언제까지 있는 겁니까?"

"지금 문제가 되는 것이 해결되고 안정화 되면 다시 본사로 와야지."

"그럼, 시간을 조금 주십시오. 생각해 보고 말씀드리겠습니다."

황대리는 부산 지사로 갈지 말지를 고민하였지만 쉽게 결정을 내릴 수가 없었다.

다른 지역으로 인사발령을 하는 것은 기업 내 인사이동으로서 전직에 해당하는데, 전직이란 같은 기업 내에서 근로자의 직무내용이나 근무 장소를 상당한 기간에 걸쳐 변경하는 인사처분이다.

통상적으로 전직은 적재적소에 노동력을 배치하여 근로 의욕과 경영능률을 증진하고, 부서 간의 인사교류를 통해서 업무운영의 원활화를 기하기 위해 활용된다.

그러나 이러한 전직은 본래적인 의미 외에도 고용조정 또는 근로자에 대한 제재수단으로 이용되기도 하여 노동법상 중요한 문제가 되고 있는데, 사용자의 전직명령에 대해 근로자가 불응하는 경우가 적지 않으며, 또한 이를 이유로 사용자가 그 근로자에 대하여 징계처분을 하면서 징계처분의 무효 또는 전직명령 의 무효 등을 다투는 사례가 종종 발생한다.

직무내용 · 근무지의 약정이 없는 경우
—

근로계약에서 근로자의 직무내용이나 근무지를 약정한 바가 없는 경우에 구체적인 직무내용이나 근무지는 사용자의 전직명령에 의해 결정되는 것이 일반적이다. 이 경우 사용자는 어떠한 근거로 근로자에게 전직 명령권을 행사할 수 있는지 문제가 된다.

이에 대해 판례는 전직이나 전보는 피용자에게 불이익한 처분이 될 수 있으나 원칙적으로 사용자의 권한에 속하여 업무상 필요한 범위 내에서는 상당한 재량을 인정해야 한다고 하여 전직명령권을 사용자의 고유한 권한으로 보고 있다.

근로기준법에 의하면 사용자는 근로자에게 정당한 이유 없이 전직을 할 수 없다라고 규정되어 있는데, 여기서 어떨 때 전직의 '정당한 이유'가 인정되는지 문제가 된다.

전직명령이 정당한 이유가 있는지 여부는 인사권 행사의 업무상 필요성과 인사권 행사로 인해 근로자가 입게 될 생활상 불이익을 비교형량하고, 근로자와의 사전협의 등 인사권 행사에 신의칙상 요구되는 절차를 거쳤는지 여부에 따라 판단된다.

1) 업무상 필요성

업무상의 필요란 ① 업무의 원활하고 효율적인 운영을 위해 인원 배치를 변경(근로자의 직무내용이나 근무지 변경)할 필요성과, ② 그 변경에 어떠한 근로자를 포함하는 것이 적절할 것인가 하는 인원 선택의 합리성을 의미한다. 여기에는 업무 능률의 증진, 직장 질서의 유지나 회복, 근로자 간의 인화 등의 사정도 포함된다.

2) 생활상의 불이익과의 비교형량

생활상의 불이익은 근로조건 상의 불이익은 물론, 가족·사회생활 등 근로조건 외의 불이익도 포함된다.

전직의 정당성이 인정되려면 업무상 필요성과 전직에 따른 근로자의 생활상의 불이익이 균형을 이루어야 한다. 전직에 따르는 생활상의 불이익이 사회 통념상 통상적으로 감수할 정도를 현저하게 벗어난 것이 아니라면 정당성이 인정된다.

3) 해당 근로자와의 협의

전직을 함에 있어서 근로자 본인과 성실한 협의 등 신의칙상 요구되는 절차를 거쳤는지도 정당한 인사권의 행사 여부를 판단하는 하나의 요소가 된다. 그러나 그러한 절차를 거치지 아니하였다는 사정만으로 배치전환 등이 권리남용에 해당하여 당연히 무효가 되는 것은 아니다.

직무내용·근무지의 약정이 있는 경우
—

1) 근로자의 동의

근로계약 체결 시 또는 존속 중에 근로자의 직무내용이나 근무지를 특별히 약정한 경우에는 사용자는 전직 명령권을 갖지 않는다. 이 경우 직무내용이나 근무지의 변경은 근로계약 변경에 해당하므로, 해당 근로자의 동의를 받아야 한다. 해당 근로자의 동의가 없는 전직 명령은 무효가 된다.

2) 묵시적 약정

직무내용이나 근무지에 대한 약정에는 묵시적 약정도 포함된다. 특수한 기능·자격을 가진 근로자나, 사업장 인근 지역의 연고를 전제로 채용된 경우 등에는 직무내용이나 근무지에 대한 묵시적 약정이 있는 것으로 볼 수 있다. 예컨대, 직무내용에 대한 명시적 약정이 없더라도, 조리사 면허와 조리업무 경력이 있는 근로자를 채용하여 조리 업무에 종사케 하였다면, 직무내용이 '조리 업무'로 특별히 한정되는 근로계약을 체결한 것으로 보아야 한다. 이 경우 해당 근로자의 동의 없이 다른 직무로 전직명령을 하는 것은 무효가 될 수 있다.

위반의 효과

—

1) 근로자의 권리 구제

사용자가 근로자에게 정당한 이유 없이 전직을 한 경우에 대한 벌칙은 없다. 그러나 해당 근로자는 노동위원회에 부당전직 구제를 신청하여 구제를 받을 수 있고, 법원에 제소하여 사법적 구제를 받을 수 있다.

2) 부당전직과 징계

근로자가 전직에 불응하여 출근 또는 근로제공을 거부하면 징계 또는 해고의 사유가 될 수 있다. 그러나 전직이 객관적으로 부당한 것으로 인정되는 경우에는 근로자가 그 전직에 불응하였다는 이유로 징계하거나 해고할 수 없다.

계열사로 전출을 갈 때 어떤 사항을 주의하여야 할까?

02

정팀장은 팀장 회의를 마치고 사무실로 들어오면서 김신입을 불렀다.

"김신입씨, 계열사로 직원을 전출 보낼 때 문제가 없으려면 어떻게 해야 하는지, 그리고 근로조건은 어떻게 해야 하는지 파악해 줘요."

"네, 알겠습니다. 검토해서 보고 드리겠습니다."

전출의 개념

근로자가 원래의 기업과 근로계약상 근로자의 지위를 그대로 유지하면서 일정 기간 동안 계열사 등 다른 기업으로 옮겨 그 기업에서 업무 지시를 받아 노무를 제공하는 것을 전출이라고 한다.

실무에서 전출이 이루어지는 방식은 기존에 근무하던 기업에서 휴직 처리하고 전출 기업에서 일정 기간 근무하게 하는 형태, 장기출장이나 사외파견의 형태, 계열사 간 배치 전환의 형태 등으로 나타난다.

전출은 상대적으로 장기간이고 전출 기업의 업무 지시를 받는 점에서, 단기간이고 원래 기업으로부터 업무 지시를 받는 출장과 구분되고, 기존의 소속 기업과 근로관계를 그대로 유지하고 있다는 점에서 근로계약을 해지하고 새로이 고용되는 전적과 구별된다.

전출의 유효요건
—

민법에서는 사용자가 근로자의 동의 없이 그 권리를 제3자에게 양도하지 못하도록 하고 있는 것처럼, 근로자를 다른 기업으로 전출시키는 것은 노무 제공을 하는 상대방의 변경을 수반하는 중요한 근로조건의 변경에 해당하므로, 특별한 사정이 없는 한 당사자의 동의가 있어야 한다.

동의는 전출 시점에서 근로자의 개별 동의를 받는 것이 아니라 사전 포괄적인 동의를 받는 경우에는 문제가 될 수 있는데, 전출할 기업을 특정하고 전출 기업에서 수행해야 할 업무에 관한 사항 등의 기본적인 근로조건을 명시하여 동의를 받아야 유효하며, 단순히 취업규칙 등에서 전출에 관한 포괄적인 근거규정이 있다는 것만으로는 정당화될 수 없다. 따라서 회사에서 전출을 할 것을 요구 받을 경우 기본적인 근로조건 등을 꼼꼼히 확인한 이후 전출에 동의할 것인지 여부를 판단하는 것이 필요하다.

전출과 근로관계
—

전출은 원래 기업과의 근로계약이 존속하는 상태에서 전출되는 기업과의 사이에도 근로계약이 성립하는 것이다. 이 중의 근로계약이 복합적으로 존재할 수 있는데, 원래 기업과는 근로제공 의무를 면한다는 합의가 있어야 하고 전출 기업과는 일정 기간 근로를 제공한다는 계약이 있어야 한다. 전출 근로자에 대한 근로조건·복무규율 등의 적용은 당사자 간의 합의 내용에 따라 판단할 수 있다. 다만, 별도로 정하지 않을 경우 전출 기업의 근무형태와 복무규율을 따라야 한다.

계열사로 전적할 경우 근속기간은 어떻게 될까?

03

　김신입은 정팀장이 지시한 전출 건에 대하여 검토 후, 보고를 하러 갔다.

"팀장님, 지난번에 말씀하신 전출에 대해 검토한 내용입니다."

"음, 잘 정리했군. 한 가지만 더 검토해 봅시다. 전출이 될지 전적이 될지 몰라서 그러는데, 전적의 경우에는 어떤지에 대해서도 검토를 해 주세요. 특히 계열사로 전적 전과 전적 후의 근속 기간이 계속되는지, 아니면 단절되는지 등에 대해서도 확인해 줘요."

"네, 알겠습니다. 바로 확인해 보겠습니다."

전적의 개념
—

　근로자가 소속한 원래의 기업으로부터 다른 기업으로 적을 옮겨 업무에 종사하는 것을 전적이라고 한다. 판례에서는 전적을 근로계약을 해지하고 다른 기업과 새로운 근로계약을 체결하거나, 근로계약상 사용자의 지위를 양도하는 것으로 구분한다.

　전적은 기업 간 이동이라는 점에서 동일 기업 내에서 업무 내용이나 근무 장소의 변경인 전보·전근과 구별되며, 원래의 기업에서 다른 기업으로 소속이 바뀐다는 점에서 원래의 기업과의 근로계약이 그대로 존속하는 전출과 구별된다.

전적을 하기 위해서는 근로자의 동의가 있어야 효력이 발생하고 그 유형에 따라 근로조건이 변경될 수 있는 점에서, 반대의 특약이 없는 한 소속 근로자와 양도 기업 사이의 근로관계에서 근로조건의 변경이 없이 원칙적으로 양수 기업에 포괄적으로 승계되는 영업 양도와 구별된다.

전적의 유형
—

1) 근로계약 체결형

기존 근로계약을 합의 해지하고 전적 되는 기업과 근로자 사이에 새로운 근로계약을 체결하는 유형이다.

원래 기업과 체결된 근로계약의 해지는 전적되는 기업과 체결되는 새로운 근로계약의 효력이 발생하는 것을 조건으로 하고, 또한 전적되는 기업과 체결되는 새로운 근로계약도 원래 기업과의 근로계약 해지의 효력이 발생하는 것을 조건으로 한다.

2) 사용자 지위 양도형

전적으로 인해 사용자의 지위가 양도되는 경우 원기업과 해당 근로자 사이의 고용 계약상의 권리·의무도 전적 되는 기업으로 포괄적으로 이전되는 것이다.

전적의 유효 요건
—

전적은 특별한 사정이 없는 한 대상 근로자의 동의를 얻어야 효력이 발생한다. 대법원 판례에 의하면 "사용자가 기업체의 경영자로서 근로자의 노동력을 업무 목적을 위해 이용·처분할 권리는 근로자와의 근로계약에 의해 비로소 취득하는 것이어서, 계약 관계를 떠나서는 근로자의 노동력을 일방적으로 처분할 수 있는 권한이 사용자에게 있다고 볼 수 없을 뿐더러, 민법 제657조 제1항 사용자는 노무자의 동의 없이 권리를 제3자에게 양도하지 못한다고 규정하고 있는 점 등에 비추어 보더라도 근로자의 동의를 얻어야 되는 것이기 때문이다. 또한 근로관계에 있어서 업무지휘권의 주체가 변경됨으로 인해 근로자가 받을 불이익을 방지하려는 데에 있다."라고 판시하였다.

한편, 판례는 근로자가 전적 당시 사용자에게 개별적으로 동의를 하지 않더라도, 입사할 때 또는 근무하는 동안 기업 그룹 내부의 전적에 대해 사전에 포괄적으로 동의를 한 경우 효력을 제한적으로 인정하고 있다. 다만, 이 경우 사전 포괄적 동의가 유효하기 위해서는 전적할 기업을 특정하고, 그 기업에서 종사해야 할 업무에 관한 사항 등의 기본적인 근로조건을 명시해 근로자의 동의를 얻어야 한다.

전적은 예외적으로 묵시적 동의로도 가능한데, 근로자의 동의를 받지 않고 전적시키는 관행이 기업 내에서 일반적으로 받아들여져 사실상의 제도로 확립되는 등 근로계약의 내용을 이루고 있다면 동의 없는 전적도 유효하다는 것이 판례의 입장이다. 종전 회사로부터 퇴직금을 정산 받는 등 퇴직 절차를 마치고 다른 회사에 취업 서류를 작성·제출하고 상당 기간 동안 그 회사로 출근해 근무한 경우에는 전적에 묵시적인 동의를 한 것으로 볼 수 있다. 다만, 근로자가 그 과정에서 전적에 대해 동의를 보류하는 의사를 표시하거나 이의를 유보한 경우 또는 전적을 거부하면 징계 등의 제재를 받게 될 것이라는 위협을 받아 부득이 전적한 것이라는 등의 특별한 사정이 있는 경우에는 전적에 동의한 것으로 볼 수 없다.

전적의 효력

「근로계약 체결형」의 경우 원기업과의 근로관계를 승계하는 것이 아니라 원기업과의 근로관계는 단절되고 전적되는 기업과 새로이 근로계약을 체결하는 것이므로, 전적되는 기업에서의 근로조건은 그 기업과 근로자 사이에서 새로이 체결되는 근로계약에 의해 결정된다. 다만, 이 경우에도 당사자 사이에 종전 기업과의 근로관계를 승계하기로 하는 특약이 있는 경우에는 그 특약에서 정한 바에 따른다.

「사용자 지위 양도형」의 경우 고용 계약상 당사자의 지위를 양도한 것이므로 원기업에서의 근로조건은 전적되는 기업과의 관계에서도 그대로 유지된다. 이 경우 기존의 근로조건을 불이익하게 변경하려면 해당 근로자의 동의를 얻어야 할 것이다.

근속기간의 계산은 전적의 유형에 따라 다름

근속기간의 계산에 있어 전적의 유형 중 「근로계약 체결형」은 기존의 근로계약을 해지하고 새롭게 체결하는 것이기 때문에, 근속기간이 새로 시작한다고 보면 된다.

그러나 「사용자 지위 양도형」의 경우에는 기존 기업에서의 근로조건 등이 전적되는 기업에서 그대로 유지되기 때문에 근속기간의 계산에 있어서도 통산해서 계산하면 될 것이다.

영업양도로 고용승계 시 퇴직금 및
연차휴가는 어떻게 될까?

04

정팀장이 김신입을 다시 불렀다.

"이번에 새롭게 추진하는 업무를 계열사에서 맡아서 하고 우리 직원 중 일부가 전출이나 전적을 보내서 기술을 전수해 주는 방식으로 고민하다가 그 사업부 전체를 계열사로 영업양도를 하는 것으로 생각하고 있어요. 그래서 영업양도로 할 경우에 대해서도 검토가 필요한데, 영업양도 시 발생할 수 있는 전반적인 사항에 대해서 검토해 주세요."

김신입은 정팀장이 계속해서 어려운 업무를 부여하자 힘들었지만 한편으로는 새롭게 알아가는 것도 있어서 좋았다.

'요즘 같은 시기에 만약 자문노무사가 없었더라면 정말 힘들었을 것 같군. 우리 회사는 실력 있는 자문노무사가 있어서 다행이야!'라고 안도하며 영업양도에 대해서도 자문을 받아서 처리해야겠다고 생각했다.

영업양도의 개념

영업양도란 영업목적에 의해 조직화된 인적·물적 조직을 동일성을 유지하면서 일체로서 이전하는 행위이다. 판례는 근로관계의 승계 문제와 관

련한 영업양도의 경우 상법상의 영업양도의 기초에서 출발하되, 근로관계의 승계문제를 해결하기 위해서는 영업의 개념을 근로관계를 포함한 조직적 일체로 보아 양도대상에 포함해야 한다고 보고 있다.

영업양도의 요건

1) 영업의 양도

영업양도로 인정되기 위해서는 '영업'이 양도 되어야 한다. '영업'은 사업주의 영업 활동, 영업 재산의 물적 시설 및 인적조직의 3요소를 포함하는 개념이다.

영업의 전부뿐만 아니라 일부도 영업양도의 대상이 될 수 있지만, 양도 되는 영업 부문만으로 일정한 영업 목적을 달성하는데 충분할 정도의 유기적으로 결합된 조직체를 이루고 있어야 한다. 따라서 영업이 아닌 기계나 설비 등 단순한 영업용 자산의 양도나 상호만의 양도는 영업양도로 볼 수 없다.

2) 영업의 동일성 유지

영업의 동일성이 유지되고 있는지 여부는 기존의 고객관계 유지 여부, 생산시설·생산수단·생산목적이 동일한지 여부, 자산·부채가 어느 정도 이전되었는지 여부, 지적재산권·영업권 등이 이전되었는지 여부, 근로자의 상당수가 양수인에게 계속 고용되었는지 여부, 경영조직의 유지 여부 등을 종합적으로 고려해야 한다.

영업양도와 근로관계

영업양도의 경우 양도인과 양수인, 근로자들간에 근로관계를 포괄적으로 승계하기로 하는 합의를 한 경우에는 근로관계의 포괄적 승계에 대해 다툼이 없지만, 영업양도 시 근로관계에 대해 아무런 약정을 하지 않은 경우 근로관계 승계문제를 어떻게 처리할 것이지가 문제된다.

이와 관련하여 대법원 판례는 영업이 포괄적으로 양도 되면 반대의 특약이 없는 한 양도인과 근로자간의 근로관계도 원칙적으로 양수인에게 포괄적으로 승계되는 것으로 본다. 따라서 영업 양수인은 양도인과 근로자 사이에 형성된 종전의 근로계약·취업규칙·단체협약을 통하여 정하여진 근로조건에 따라 임금을 지급하고 근로시간을 정하는 등 사용자로서의 의무를 부담하고, 근로자도 종전과 동일한 내용의 근로관계상의 의무를 부담한다.

근로관계 승계 과정에서 근로자가 승계를 반대하는 경우 양도 기업에 잔류하거나 퇴직할 수 있으며, 영업양도 과정에서 승계가 확정되기 이전이라면 승계의 의사표시를 철회하는 방법으로 승계 반대의 의사표시를 할 수 있다.

영업양도 당시 유효하게 적용되고 있던 취업 규칙은 이전 된 근로자 집단의 동의 없이는 근로자에게 불이익하게 변경할 수 없다. 영업양도 이후의 퇴직으로 인한 퇴직금 지급에 대한 책임도 영업양수인에게 있으며, 근로자의 근속년수에 관하여는 양도시점 이전의 기간까지 포함하는 것으로 본다.

다만, 영업양도 당사자 간에 근로관계의 일부를 승계 대상에서 제외하기로 하는 특약이 있는 경우에는 승계가 이루어지지 않을 수도 있는데, 이 경우 승계대상에서 제외되는 근로자에 대해서는 사실상 해고의 효과가 발생하는 것이므로 근로기준법에 따른 '정당한 이유'가 있어야 한다.

영업양도 시 퇴직금 및 연차휴가

영업양도로 고용승계가 된 근로자의 퇴직금과 연차휴가 일수는 별도의 특약이 없을 경우 기존의 회사에서 계속 근무한 것과 동일하게 판단하면 된다.

즉, 퇴직금은 영업 양수인이 퇴직금의 지급 책임을 지게 되므로 영업양도 되면서 퇴직금을 정산하지 않았다면 영업 양수된 회사에서 퇴사 시 퇴직금을 일괄 지급하게 된다. 그리고 연차휴가 일수는 기존의 회사에 근무한 기간을 포함하여 가산일수를 산정하면 된다.

주제 8

징계 및
근로관계의 종료,
미리 알고 대처하자

주제 8에서 알아볼 내용은 다음과 같다.

01. 어떤 요건을 갖추었을 때 징계가
    정당하다고 볼 수 있을까?

02. 징계의 종류는 어떤 것이 있을까?

03. 계약직인데, 계약기간 만료가 되면 나가야 할까?

04. 문자로 해고통보를 받았는데 이것도 가능할까?

05. 산재 치료 중인데 회사에서 그만두라고 한다면?

06. 해고예고수당은 어떤 경우 받을 수 있을까?

07. 회사가 어려워 정리해고를 하면 나가야 할까?

08. 수습기간 종료 시 본채용이 거부되면?

09. 회사가 사직을 권고하는데 어떻게 할까?

10. 사직서를 제출했는데 수리를 안 해주면
    계속 근무해야 할까?

11. 성급하게 사직서를 제출하여 철회하고 싶은데
    가능할까?

12. 경쟁 업체에서 채용 요청이 왔는데
    이직해도 될까?

어떤 요건을 갖추었을 때 징계가
정당하다고 볼 수 있을까?

01

김신입은 노무관련 궁금한 사항에 대해서 자세한 설명을 듣고자 자문노무사인 박노무사 사무실로 찾아갔다.

"전화로만 통화하다가 이렇게 만나게 되어 반갑습니다."

"네, 빨리 한번 방문해서 인사를 해야 했는데, 이제야 방문 드립니다."

"업무로 바빠 시간 내기가 쉽지 않을 겁니다. 그래, 오늘은 어떤 사항이 궁금해서 이렇게 방문을 하셨는지요?"

"네, 팀장님께서 징계에 대해서 자세히 알아보라고 하셔서 방문하게 되었습니다. 징계를 할 수 있는 사유, 징계절차 등에 대해서 설명을 듣고 싶습니다."

"징계에 대해서 설명할 테니 듣다가 궁금한 사항 있으면 질문하세요."

박노무사는 징계에 대하여 설명하기 시작했다.

징계의 의의
—

징계란 근로자의 복무 규율이나 기업 질서 위반 행위에 대하여 해고 등의 불이익 조치를 취하는 사용자의 행위이다. 징계를 하려면 '정당한 이유'가 있어야 하는데, 정당한 이유는 ① 사유의 정당성, ② 양정의 적정성, ③ 절차의 정당성을 갖추어야 한다.

징계사유의 정당성 판단

—

징계를 하기 위해서는 먼저 징계의 사유가 취업규칙 등에서 정한 사유에 해당하는지 여부를 살펴야 하며, 취업규칙 등에 구체적인 징계사유가 규정되어 있지 않다면 정당성 판단은 근로기준법 제23조 해석 일반으로 돌아가 판단해야 한다.

정당한 이유는 개별 사안에 따라 구체적으로 판단되어야 하는데, 징계해고와 관련하여 판례에서는 '근로자의 기업 질서 위반 행위가 사회통념상 더 이상 근로관계를 유지할 수 없을 정도로 근로자에게 책임 있는 사유가 있는 경우'에 한하여 정당성을 인정한다. '더 이상 근로관계를 유지할 수 없을 정도로 근로자에게 책임 있는 사유'로 인정되려면 직장 상실로 근로자가 입게 되는 손해와 근로관계를 종료시킴으로써 사용자가 얻는 이익을 비교·형량 했을 때 사용자의 이익이 더 큰 경우이어야 한다.

또한, 취업규칙 등에 징계사유가 규정되어 있다고 하더라도 해당 사유가 법에 위반되거나 권리남용에 해당하는 경우에는 징계의 정당성이 부인될 수 있다.

징계양정의 적정성

—

징계양정이란 근로자의 비위행위에 대하여 어떤 종류의 징계처분을 할 것인지를 결정하는 것이다. 징계사유가 인정되는 경우 징계권자가 피징계권자에 대하여 어떤 수위의 징계처분을 할 것인지는 징계권자의 재량에 속한다. 즉, 취업규칙이나 상벌규정에서 징계사유를 규정하면서 동일한 사유에 대하여 여러 등급의 징계가 가능한 것으로 규정한 경우에 그중 어떤 징계처분을 선택할 것인지는 징계권자의 재량에 속하지만, 이러한 재량은 징계권자의 자의적이고 편의적인 재량이 아니며 징계사유와 징계처분 사이에 사회통념상 상당하다고 인정되는 균형이 요구된다. 따라서 경미한 징계사유에 대하여 가혹한 제재를 하는 것은 징계권 남용으로서 무효가 될 수 있다.

각 회사의 취업규칙·단체협약 등에서 정하고 있는 징계의 종류와 내용은 다양한데, 당사자 간 징계양정에 관하여 다툼이 있는 경우 노동위원회나 법원에서는 근로자의 비위행위 정도와 고의·과실의 정도에 따라 징계양정의 적정성을 판단한다.

징계절차의 정당성
—

사용자의 징계처분이 정당성을 인정받으려면 징계사유의 실체적 정당성뿐만 아니라 절차적 정당성도 갖추어야 한다.

근로기준법에서는 해고 이외의 징계절차에 대해 특별히 규정하고 있지 않아 취업규칙에 징계절차에 관해서 규정할지 여부는 사용자의 재량에 속한다. 취업규칙이나 단체협약 등에서 별도의 징계절차를 정하지 않은 경우에는 징계위원회 개최 등 징계절차를 거치지 않고 징계를 하더라도 징계는 유효하지만, 징계절차를 정한 경우에는 절차상의 하자로 인하여 정당성이 부인될 수 있다.

"직원이 잘못하면 그냥 징계를 하면 되는 줄 알았는데, 징계를 하기 위해서 고려해야 할 사항이 많군요."

"맞아요. 징계를 하기 위해서는 다양한 측면의 고려가 필요하죠. 부당한 징계가 되면 안 되기 때문에 더욱 그렇죠."

김신입은 박노무사의 설명을 듣고 징계에 대하여 기본적인 사항을 이해하게 되었다.

"그럼, 징계의 종류는 어떤 것이 있습니까?"

"참, 징계의 종류에 대한 설명을 안 했네요. 징계의 종류에 대하여 설명 드릴게요."

사업장에서 줄 수 있는 징계의 종류는 통상 취업규칙에 규정하고 있다.

취업규칙의 징계의 종류를 보면 경고, 견책, 감봉(감급), 정직, 강등, 해고를 규정하고 있는 것이 일반적이다.

이러한 징계의 구체적 의미와 어떠한 법상 제한이 있는지에 대하여 확인해 보기로 한다.

경고

'경고'란 근로자의 비위나 과실 등에 대하여 구두나 서면으로 잘못을 지적하고, 앞으로 근무에 충실 하라는 내용의 권고행위 내지 지도행위이다.

위반행위가 비교적 가벼운 과실로서 정상을 참작할만한 충분한 이유가 있는 경우로서, 장래의 각성을 촉구하고자 할 때에는 경고 조치한다.

경고를 징계처분으로 볼 것인지는 사용자의 재량에 속하며, 징계처분의 하나로서 근로기준법 제23조의 '그 밖의 징벌'에 해당하는지 여부에 대해서는 관련 규정에 경고가 징계양정의 하나로 규정되어 있지 않더라도 이로 인한 불이익이 있는지에 따라 판단한다.

견책

'견책'이란 사용자가 근로자의 위법·부당한 행우에 대하여 이를 반성하게 하고 장래에 다시 반복되지 않도록 하는 행위로서, 일반적으로 시말서를 제출하게 하는 방식으로 이루어진다.

견책은 그 자체로 근로자의 재산상 불이익을 초래하거나 근로계약의 내용을 변경하게 하는 것은 아니어서 비교적 경미한 처분에 해당하지만, 인사고과나 배치전환·승진 등에서 불리하게 작용할 수 있으며, 여러 번 중복되면 더욱 중한 징계처분을 받을 수 있게 된다.

감봉(감급)

'감봉'이란 근로자의 복무규율 위반행위에 대하여 근로자의 임금에서 소정의 금액을 삭감하는 조치를 말한다.

근로기준법은 감봉과 관련하여 감봉할 금액은 1회의 금액이 평균임금 1일 분의 50%, 총액이 1임금 지급기의 임금총액의 10%를 초과하지 못하도록 하고 있다.

정직

—

'정직'은 근로자의 신분을 그대로 유지한 채 일정 기간 출근을 정지시켜 노무수령을 거부함으로써 임금을 지급하지 않는 처분이다. 정직의 기간에 대해서는 법에 규정이 없으므로 사회통념에 따라 합리적인 범위 내에서 취업규칙 등에 규정해야 하고, 그 정한 기간 내에서 비위유형과 비위정도 등에 따라 정직 기간을 정한다.

정직은 그 기간 동안 임금이 지급되지 않는 것이 일반적인데, 이런 이유로 정직은 해고처분과 함께 중징계에 해당하는 것으로 본다.

근로자가 정직처분을 받고 이에 불복하여 노동위원회에 구제절차를 제기하여 진행되는 도중에 정직기간이 경과하는 경우 정직기간 중의 임금상당액의 손해에 대한 구제이익을 인정할 수 있는지가 문제되는데, 노동위원회에서는 심문회의 전에 정직기간이 경과했더라도 임금상당액 지급이나 기타 불이익이 있을 수 있으므로 근로자의 권리구제를 위한 구제이익이 존재함을 전제로 정직의 정당성 여부에 대하여 판단을 하고 있다.

강등(강급)

—

'강등'이란 직급을 상위 직급에서 하위 직급으로 내리는 처분이다.

강등은 직급이나 직위 등이 낮아지는 근로조건의 중요한 변경을 가져오는 것으로 중징계에 해당하는 징계처분이다. 따라서 취업규칙 등에 처분의 근거가 있어야 하며, 해고에 준하는 사유가 존재하여 근로관계를 현재와 같이 유지하는 것이 타당하지 않다는 점이 사회통념상 인정되어야 한다.

다만, 회사의 조직개편 등으로 인해 부득이 전 직원의 직급이나 직위가 하향 조정되는 것이라면, 경영상의 조치로 보아 비록 근로자에게 불이익이 발생하더라도 징계처분으로 볼 수 없다.

해고

'해고'는 경영 질서에 대한 침해 행위가 매우 중대하여 근로자를 경영 외로 배제하지 않으면 경 영질서를 유지하기 어렵다고 판단되어 근로자와의 근로관계를 단절하는 것으로 가장 중한 징계처분에 해당한다.

일부 사업장을 보면 징계양정상의 해고를 '파면'과 '해임'으로 구분하는 경우가 있다. 공무원의 경우에는 파면과 해임에 따라 퇴직급여의 지급범위가 달라지는 등의 차이가 있으나 공무원이 아닌 일반 사업장의 경우에는 두 경우를 달리 볼 필요는 없으며, 동일한 효과를 가진다고 할 것이다.

계약직인데, 계약기간 만료가 되면 나가야 할까?

03

김신입은 계약직을 계약기간 만료로 내보내는 것도 해고와 동일하게 생각해야 하는지 궁금했다.

"박노무사님, 계약직의 경우 계약기간이 만료되면 근로관계가 종료되잖아요. 이때에도 해고와 같이 해고예고를 하거나 특별한 절차를 준수해야 하는지 궁금합니다."

"계약직의 경우 2년이 경과되었는지 여부에 따라 달리 판단될 수 있는데, 이것도 자세히 설명드리죠."

계약직에게 적용되는 법은 근로기준법 이외에도 '기간제 및 단시간근로자 보호 등에 관한 법률'(이하 "기간제법"이라 한다.)이 주로 적용된다.

기간제법에서는 계약직을 '기간제'라고 표현하고 있다. 즉, 기간제란 일정한 기간을 정하여 근로계약을 체결하는 근로자라는 의미를 가지고 있다. 기간의 정함이 있는 근로계약을 체결했다면 임시직, 위촉직, 촉탁직, 기능직, 계약직 등 명칭에 관계없이 기간제근로자에 해당한다.

기간제법에서는 기간제근로자의 사용 기간을 2년으로 제한하고 있다.

2년을 초과한 기간의 근로계약을 체결하거나 단기간의 계약을 반복적으로 체결하여 계속근로기간이 2년을 초과하면, 그 기간제근로자를 '기간의 정함이 없는 근로계약'을 체결한 근로자로 보게 된다.

"체결한 것으로 본다."라는 의미는 체결한 것으로 간주한다는 것으로 특별한 조치를 취하지 않더라도 당연히 기간의 정함이 없는 근로계약으로 전환된다는 의미이다. 이 조항은 강행규정이므로 근로자가 명시적으로 반대하더라도 적용된다. '한 근로자에 대해 계속하여 2년을 사용하지 않은 경우', '같은 사업장에서 일하더라도 명백하게 사용자가 바뀐 경우', '사업의 위·수탁계약에 따라 사용자가 변경되는 경우'에는 '기간의 정함이 없는 근로계약'으로 보지 않으며 퇴직금 계산 등에 있어 근로계약 기간을 다른 근로계약 기간과 합산할 사용자의 의무도 없다.

기간제근로자를 2년 이상 사용하더라도 그 근로자를 '기간의 정함이 없는 근로계약'을 체결한 근로자로 보지 않는 예외가 있다.

즉, ① 사업 완료나 특정한 업무 완성에 필요한 기간을 정한 경우, ② 휴직·파견 등 결원 근로자의 업무를 복귀할 때까지 대신하는 근로자, ③ 학업·직업훈련이수자, ④ 고령자(55세 이상인 자), ⑤ 전문적 지식·기술의 활용이 필요한 경우와 정부의 복지정책·실업대책 등에 따라 일자리를 제공하는 경우로서 대통령령이 정하는 경우, ⑥ 그 밖에 이에 준하는 합리적인 사유가 있는 경우로서 대통령령으로 정하는 경우가 그렇다.

전문적 지식·기술의 활용이 필요한 대통령령이 정한 경우
1) 박사 학위를 소지하고 해당 분야에 종사하는 경우
2) 따른 기술사 등급의 국가기술자격을 소지하고 해당 분야에 종사하는 경우
3) 기간제법 시행령 별표 2에서 정한 전문자격을 소지하고 해당 분야에 종사하는 경우

정부의 복지정책·실업대책 등에 의하여 일자리를 제공하는 경우로서 대통령령이 정하는 경우
1) 다른 법령에 따라 국민의 직업능력 개발, 취업 촉진 및 사회적으로 필요한 서비스 제공 등을 위하여 일자리를 제공하는 경우
2) 제대군인의 고용증진 및 생활안정을 위하여 일자리를 제공하는 경우
3) 국가보훈대상자에 대한 복지증진 및 생활안정을 위하여 보훈도우미 등 복지지원 인력을 운영하는 경우

그 밖에 이에 준하는 합리적인 사유가 있는 대통령령으로 정하는 경우

1) 다른 법령에서 기간제근로자의 사용 기간을 달리 정하거나 별도의 기간을 정하여 근로 계약을 체결할 수 있도록 한 경우
2) 국방부 장관이 인정하는 군사적 전문적 지식 · 기술을 가지고 관련 직업에 종사하거나 대학에서 안보 및 군사학 과목을 강의하는 경우
3) 특수한 경력을 갖추고 국가안전보장, 국방 · 외교 또는 통일과 관련된 업무에 종사하는 경우
4) 대학(대학원)에서 다음 각 목의 업무에 종사하는 경우
   가. 강사, 조교의 업무
   나. 명예교수, 겸임교원, 초빙교원 등의 업무
5) 한국표준직업분류의 대분류 1과 대분류 2 직업에 종사하는 자의 최근 2년간의 연평균근로소득이 고용노동부장관이 최근 조사한 고용형태 별근로실태조사의 한국표준직업분류 대분류 2 직업에 종사하는 자의 근로소득 상위 100분의 25에 해당하는 경우
6) 1주 동안의 소정근로시간이 뚜렷하게 짧은 단시간근로자를 사용하는 경우
7) 선수와 체육지도자 업무에 종사하는 경우
8) 다음 각 목의 연구기관에서 연구 업무에 직접 종사하는 경우 또는 실험 · 조사 등을 수행하는 등 연구업무에 직접 관여하여 지원하는 업무에 종사하는 경우
   가. 국공립연구기관
   나. 정부출연연구기관
   다. 특정연구기관
   라. 지방자치단체출연 연구기관
   마. 공공기관의 부설 연구기관
   바. 기업 또는 대학의 부설 연구기관
   사. 다른 법률에 따라 설립된 법인인 연구기관

예외 사유가 소멸되면 그러한 시점부터 계속근로기간을 기산하여 2년을 초과하면 기간의 정함이 없는 근로계약을 체결한 것으로 본다.

근로계약 기간이 종료되면 '근로관계는 특별한 사정이 없는 한 당연히 종료되는 것'이 원칙이다. 따라서 근로계약 기간이 만료되면 해고의 의사표시나 해고예고와 같은 별도의 조치 없이 근로관계가 종료된다. 다만, 2년 이상 장기간에 걸쳐 반복 갱신됨으로써 기간의 정함이 단지 형식에 불과하게 된 경우에는 사실상 기간의 정함이 없는 계약으로 간주되어 회사가 정당한 사유 없이 재계약의 체결을 거절하는 것은 해고와 마찬가지로 무효가 된다.

문자로 해고통보를 받았는데 이것도 가능할까?

"박노무사님, 오늘 너무 시간을 많이 뺏는 건 아닌지 모르겠습니다."

"괜찮아요. 이렇게 왔을 때 평소 궁금한 사항을 해소하고 가야죠. 다행히 오늘은 다음 일정에도 여유가 있어요."

박노무사의 대답에 김신입은 한 가지 더 질문을 하기로 했다.

"그럼, 해고통보를 할 경우 문자로 해도 된다는 말이 있던데 그렇게 해도 서면통지의무를 다했다고 볼 수 있어요?"

"요즘은 핸드폰을 많이 사용하다 보니 말씀하신 대로 톡이나 문자를 통해서 해고통보를 하는 경우가 많이 있는 것 같아요. 그런데 그렇게 하는 것은 문제가 있을 수 있어요."

사용자가 근로자를 해고하려면 해고사유와 해고시기를 '서면'으로 통지하여야 효력이 있다고 근로기준법은 규정하고 있다. 해고사유 등을 서면으로 통지하도록 함으로써 사용자가 해고 여부를 더 신중하게 결정하도록 하고, 해고의 존부 및 그 시기와 사유를 명확히 하여 사후에 이를 둘러싼 분쟁이 적정하고 용이하게 해결되고 근로자도 해고에 적절히 대응할수 있게 하기 위한 취지이다.

서면통보가 원칙이며, 이메일 가능

—

해고는 서면에 작성하여 당사자에게 통보하는 것이 원칙이다. 다만, 이메일의 경우 사안에 따라 서면 통보로 인정받기도 하는데, 평상시에 이메일로 업무 보고와 지시를 하였고, 해고사유와 해고시기를 명시하여 보냈으며, 수신 여부가 확인되는 등 해고 대응에 아무런 지장이 없다면 이메일 통보도 서면으로 인정 가능하다고 보는 것이 대법원의 입장이다.

문자 메시지, 전화는 안 됨

—

문자 메시지는 서면 통보라고 볼 수 없다고 판단한 하급심 판례가 있다. 문자 메시지는 전자 문서에 준한다고 보기 어려우며, 문자 메시지 이외에 다른 연락 수단이 없는 것도 아니라는 점이 그 이유이다. 따라서 문자나 SNS 메시지는 적법한 해고통보 방법이라고 보기 어렵다.

마지막으로 전화나 대면방식으로 해고 통보하는 것은 '서면'이라고 해석할 여지 자체가 없으므로 아무리 정당한 해고 사유가 있다고 하더라도 전화로만 해고통보를 할 경우 해고 절차 위반으로 부당해고에 해당한다.

산재 치료 중인데 회사에서 그만두라고 한다면?

05

'오늘은 정말 전화가 많이 걸려 오네. 이런 날은 하던 업무에 집중을 할수가 없어. 휴~.' 다른 날보다 많은 전화를 받은 김신입은 혼잣말을 하며, 업무에 집중하려 애쓰고 있었다. 이때 전화벨이 또 울렸다.

"안녕하세요? 생산팀 팀장입니다. 지금 산재 치료를 받고 있는 직원에 대해 문의할 사항이 있어서 전화드렸습니다."

"네, 말씀하세요."

"우리 팀원 중에 1년 넘게 산재 치료를 받고 있는 직원이 있습니다. 오랜 시간 동안 이 직원이 업무를 못하다 보니 다른 직원들이 너무 힘들어 하네요. 충분한 치료 시간을 주었는데, 어떻게 해야 할지 잘 몰라서요. 이 정도 시간이면 정리해고를 해도 되지 않나요?"

"산재 치료 중일때 해고와 관련한 근로기준법은 별도의 규정을 두고 있습니다. 그 내용을 자세히 설명해 드리겠습니다."

사용자는 근로자가 업무상 부상 또는 질병의 요양을 위하여 휴업한 기간과 그 후 30일간은 해고하지 못하는 것이 원칙이나, 예외적으로 일시보상(산업재해보상보험법에 따른 상병보상연금 수령자 포함)을 하였을 경우 또는 사업을 계속할 수 없게 된 경우에는 해고할 수 있다.

'일시보상'은 업무상 부상 또는 질병으로 요양보상을 받고 있는 근로자가 요양을 시작한 지 2년이 지나도 부상 또는 질병이 완치되지 아니하는 경우에 사용자는 재해근로자에게 평균임금 1,340일분의 일시보상을 하여 그 후의 법에 따른 모든 보상책임을 면하는 것이다.

업무상 재해를 입고 산재 신청을 하여 요양을 받고 있는 근로자에 대하여 사용자가 해고하고자 하는 경우에는 일시보상의 요건에 해당하여 일시보상을 하여야 할 것이며, 만약 일시보상을 하지 않고 해고하는 경우에는 해고가 제한되어 부당해고가 될 수 있다.

따라서 산재 치료 중일 경우에는 회사에서 그만두라고 요구를 하더라도 이에 응할 필요가 없다.

참고로 산업재해보상보험법에 따라 휴업급여(70%)를 받고 있는 재해근로자에 대하여 사용자가 급여의 30%를 추가로 지급하기로 약정(당사자 간의 합의 등)하고 지급하고 있다면, 특별히 달리 규정한 바가 없는 이상 재해근로자의 요양 종료일까지 지급하여야 한다.

해고예고수당은 어떤 경우 받을 수 있을까?

06

"김신입씨, 지난번에 산재 치료 중인 직원에 대한 해고 관련 사항은 안내한 대로 해서 잘 마무리 되었어요. 오늘은 해고와 관련해서 궁금한 사항이 하나 더 있어서 연락했어요."

"네, 팀장님. 어떤 내용이 궁금하세요?"

"직원을 해고할 때 해고예고수당을 주어야 한다고 하던데, 어떤 경우에 지급하며, 얼마를 주어야 하는지 알고 싶어요."

"그럼 오늘은 해고예고와 해고예고수당에 대해서 설명 드리겠습니다."

근로기준법은 근로자 해고 시 해고예고를 하도록 하고 있는데, 이는 근로자가 갑자기 직장을 잃게 되어 생활이 곤란해지는 것을 예방하기 위한 것이다. 해고예고의 방법으로는 해고일로부터 30일 전에 해고예고를 하거나 적어도 30일분 이상의 통상임금을 해고예고수당으로 지급하는 것이다.

해고예고는 근로자의 의사에 반하여 근로관계를 종료시키는 경우로 ① 근로자의 의사에 반한 해고에 적용되는 것이지, 정년퇴직·임의퇴직·합의퇴직·권고사직 등에는 적용되지 않는 것이 원칙이며, ② 기간의 정함이 있는 근로계약을 체결한 경우 근로계약 기간이 종료되어 자동 퇴직됨으로써 해고예고의 문제가 발생하지 않는 것이 원칙이고, ③ 사업이 양도되어 고용승계가 되는 경우 해고예고를 할 필요가 없으나, 고용승계가 이루어지지 않는 경우에는 필요하며, ④ 근로자의 사망과 같이 근로관계가 자동 소멸되는 경우에는 해고예고가 필요하지 않으나, 법인의 해산·폐업 등의 경우에는 해고예고가 필요하다.

다만, 일정한 경우 해고예고를 하지 않아도 되는데, 해고예고의 예외 규정으로 들고 있는 것은 ① 근로자가 계속 근로한 기간이 3개월 미만인 경우, ② 천재·사변 그 밖의 부득이한 사유로 사업 계속이 불가능한 경우, ③ 근로자가 고의로 사업에 막대한 지장을 초래하거나 재산상의 손해를 끼친 경우이다. 이 중에 근로자가 고의로 사업에 막대한 지장을 초래하거나 재산상의 손해를 끼친 경우는 다음과 같다.

해고예고의 예외가 되는 근로자의 귀책사유
1. 납품업체로부터 금품이나 향응을 제공받고 불량품을 납품받아 생산에 차질을 가져온 경우
2. 영업용 차량을 임의로 타인에게 대리운전하게 하여 교통사고를 일으킨 경우
3. 사업의 기밀이나 그 밖의 정보를 경쟁관계에 있는 다른 사업자 등에게 제공하여 사업에 지장을 가져온 경우
4. 허위 사실을 날조하여 유포하거나 불법 집단행동을 주도하여 사업에 막대한 지장을 가져온 경우
5. 영업용 차량 운송 수입금을 부당하게 착복하는 등 직책을 이용하여 공금을 착복, 장기 유용, 횡령 또는 배임한 경우
6. 제품 또는 원료 등을 몰래 훔치거나 불법 반출한 경우
7. 인사·경리·회계담당 직원이 근로자의 근무상황 실적을 조작하거나 허위 서류 등을 작성하여 사업에 손해를 끼친 경우
8. 사업장의 기물을 고의로 파손하여 생산에 막대한 지장을 가져온 경우
9. 그 밖에 사회통념상 고의로 사업에 막대한 지장을 가져오거나 재산상 손해를 끼쳤다고 인정되는 경우

참고로, 회사가 도산될 경우 해고예고를 하여야 하는지 여부와 관련하여 원칙적으로는 해고예고를 하여야 할 것이다. 다만, 노동부 행정해석에 의

하면 부도로 인한 사실상 도산 상태가 된 경우에 해고예고수당의 지급의무가 없는 것으로 판단하고 있다.

회사가 어려워 정리해고를 하면 나가야 할까?

07

점심 식사를 하고 동료들과 커피를 마시며 이런저런 이야기를 하고 있는데, 강절친으로부터 전화가 왔다.

"신입아, 점심 식사 했어?"

"막 먹고 커피 한잔하고 있어. 넌, 식사했어?"

"응, 나 궁금한 사항이 하나 있는데, 우리 회사에서 정리해고를 할 거라는 소문이 돌고 있어. 아직 정해진 것은 없지만 만약 정리해고 대상자로 내가 포함되면 회사가 시키는 대로 그만두어야 하니?"

"음. 어려운 질문인데, 이건 내가 확인해 보고 연락할게."

김신입은 정리해고 관련 내용을 확인하기 위하여 다른 직원들에게 인사를 하고 사무실로 돌아갔다.

경영상 이유에 의한 해고(이하 '경영상 해고'라고 한다.)의 개념을 확인해 보면, 판례는 "경영상의 필요에 의해, 기업의 유지와 존속을 전제로, 일정한 요건 하에 소속 근로자들 중 일부를 해고하는 것"이라고 정의하고 있다. 이러한 경영상 해고는 일반 해고와는 달리 해고의 발생 사유가 근로자에게 있는 것이 아니라 사용자의 경영상 문제 등에 있다고 할 것이므로, 이에 대한 절차는 법률상 엄격하게 규정되어 있다.

근로기준법은 "경영상 이유에 의한 해고의 제한"이라는 규정을 두어 경영상 해고의 절차 등에 관하여 규정하고 있는데, 경영상 해고가 정당하기 위해서는 ① 긴박한 경영상의 필요성이 있어야 하고, ② 해고회피 노력을 다하여야 하며, ③ 합리적이고 공정하게 대상자를 선정하여야 하고, ④ 근로자 대표와의 성실한 협의를 하도록 하고 있다.

첫째 요건인 '긴박한 경영상의 필요성'과 관련하여 살펴보면 기존의 행정 해석 및 판례는 인원 정리를 하지 않으면 기업이 도산되거나 적어도 기업의 존속 유지가 위태로워질 것이 객관적으로 인정되는 경우라고 판단하였다가, 사용자가 인원 정리를 결정한 것이 사회 통념상 객관적으로 합리적이라고 인정된다면 해고 요건이 된다고 기준을 완화하였다. 이에 따라 인원 삭감 조치가 영업 성적 악화라는 기업의 경제적 이유가 있거나, 생산성 향상과 경쟁력 회복을 위한 작업 형태 변경 또는 신기술 도입 등 기술적 이유가 있거나, 기술 혁신에 따라 산업의 구조적 변화가 요청되어 인원 삭감의 필요성이 충분히 있어 객관적으로 보아 합리성이 있으면 긴박한 경영상의 필요성이 인정된다고 할 것이다.

둘째 요건으로 '해고회피 노력'을 다하여야 하는데, 해고회피 노력이란 긴박한 경영상의 위기를 타개하기 위하여 근로자의 해고 이외에 사용자가 할 수 있는 모든 노력을 다하여야 한다는 것을 의미한다. 이에 대한 구체적인 방안으로는 신규 채용의 중지, 수당 축소 등 일반 관리 비용의 절감, 희망퇴직자 및 명예퇴직자 모집 등이 있다.

셋째 요건으로 '해고 대상자를 선정'함에 있어서 합리적이고 공정한 해고의 기준에 의하여야 한다. 이러한 기준이 기존에 단체협약이나 취업규칙 등에 규정되어 있는 경우에는 이에 따르면 될 것이나, 규정되어 있지 않은 경우에 사용자는 근로자 대표와 충분한 협의 과정을 거친 후에 기준을 설정할 것이 필요하다.

마지막 요건으로 '근로자 대표와의 성실한 협의'과정을 거쳐야 한다. 사용자는 근로자 대표에게 경영상 해고를 하고자 하는 날의 50일 전까지 통보하고 성실하게 협의하여야 하는데, 여기에서 근로자 대표란 사업 또는 사업장에 근로자의 과반수로 조직된 노동조합이 있는 경우에는 노동조합, 근로자의 과반수로 조직된 노동조합이 없는 경우에는 근로자의 과반수를 대표하는 자를 의미한다. 사용자는 근로자 대표에게 해고를 하고자 하는 날 50일 전에 해고회피 방법 및 해고 기준, 경영상 해고의 필요성 등을 통보하고, 근로자 대표는 전체 근로자의 의견을 모아 사용자의 해고계획에 대한 의견 또는 대안 등을 제시하여야 한다.

따라서 경영상 해고가 정당성이 인정되는 해고가 되기 위해서는 위의 절차들을 모두 준수하여야 한다. 위의 절차들 중 일부를 위반한 경우 해고의 효력이 문제될 수 있다.

08

 김신입이 퇴근하고 집 근처 버스 정류장에 내리는데 강절친으로부터 전화가 왔다.

"지금 어디야?"

"응, 지금 버스에서 막 내렸어."

"그럼 우리 자주 가는 포장마차에서 보자. 난 20분 후면 도착할 수 있어."

"그래. 바로 갈게."

 김신입은 저녁에 할 일도 없는데 잘 되었다는 생각으로 포장마차로 가서 강절친을 만났다.

"내가 회사에 입사한지 벌써 3개월이 다 되었어. 그동안 수습 적용을 받았는데, 수습기간 종료 시 본채용이 안 되는 경우도 있어?"

"왜? 무슨 일 있어?"

"아니, 회사가 정리해고를 한다느니 뒤숭숭해서, 혹시나 해서 물어보는 거야."

"응, 수습제도에 대해서 설명이 필요하군. 잘 들어."

 수습은 '좁은 의미에서의 수습'과 '시용'으로 나눌 수 있는데, '좁은 의미의 수습'은 확정적으로 근로계약을 체결한 후에 업무능력이나 적응능력을 키워주기 위한 근로형태라고 할 것이고, '시용'은 확정적인 근로계약을 체결하기 전에 시험적으로 사용하는 기간으로 볼 수 있으며, 이러한 개념 구분으로 볼 때 양자는 다른 개념이라고 할 것이나 통상 기업에서는 양자의 구분 없이 통합적인 개념을 수습으로 이해하고 있다.

수습근로자에게도 근로기준법 등 모든 내용이 적용되는 것이 원칙이나, 3개월 이내인 자에 대해서는 해고예고 관련 조항이 적용되지 않으며, 근로계약 기간이 1년 이상인 근로자로서 3개월 이내의 수습근로기간에 대해서는 최저임금보다 낮은 임금(90%)을 적용할 수 있다는 예외를 두고 있다.

수습과 관련하여 주로 문제가 되는 것은 수습기간을 정하고 해당 기간 동안 업무능력 및 태도 등을 확인했을 때 해당 직원의 업무능력이나 태도에서 문제가 있거나 회사가 요구하는 수준에 도달하지 못할 경우 수습기간 종료에 따른 본채용을 거부하는 경우가 종종 발생하게 되는데, 이러한 본채용 거부는 해고에 해당한다.

따라서 수습근로자에 대한 본채용을 거부하기 위해서는 해고를 할 정도의 정당한 이유가 있어야 하며, 특히 본채용을 거부하는 사유가 업무 적격성의 판단에 기초를 두어야 하고 객관적이고 합리적인 이유가 있어 사회통념상 상당하다고 인정되어야 한다. 그렇지 않을 경우 부당해고로 판단될 수 있다.

다만, 수습기간은 능력 및 자질 등을 관찰하여 본채용을 할지 여부를 결정하는 것을 전제로 하고 있어 일반 근로자에 대한 해고의 정당성의 범위를 판단하는 것보다 정당한 사유의 범위가 상대적으로 넓다. 따라서 사업장의 수습에 대한 기준 관련 취업규칙 등을 확인해 보고 문제가 되지 않도록 주의하는 것이 필요하다.

본채용 거부 절차와 관련하여 수습기간이 만료되어 본채용을 거부하는 것은 사용자에게 유보된 해약권의 행사로서 일반적인 징계해고와는 성질을 달리하므로 수습기간의 만료에 따라 근로관계의 종료를 통보함에 있어 취업규칙 등에 규정된 징계절차를 따르지 않게 하더라도 효력이 부인되지 않는다는 것이 판례의 입장이다.

  참고로, 부당해고인지 여부의 판단은 고용노동부 산하의 노동위원회에서 하게 되는데 노동위원회는 광역자치단체별로 설치되어 있으며 회사가 소재하고 있는 지역의 노동위원회에서 사건을 처리하게 된다. 만약, 부당해고로 판단될 경우에는 원직복직과 해고기간 동안 근로하였더라면 받을 수 있었을 임금상당액을 지급하라는 명령을 내리게 된다.

09

강절친이 수습에 대한 설명을 다 듣고, 신입에게 다시 물었다.

"야, 그럼 수습기간이 종료되었다고 아무런 이유 없이 본채용을 거부할 수는 없겠네?"

"그렇지. 부당해고가 될 수 있으니까 회사에서도 부담스럽지. 그래서 그 직원을 내보내기 위해 회사에서는 일반적으로 권고사직을 먼저하지."

"권고사직? 그게 뭐야?"

"권고사직도 몰라?"

김신입은 권고사직에 대해서 설명을 이어갔다.

권고사직의 의의

—

권고사직은 사용자가 사직을 권고하고 근로자가 이를 수용할 경우 이루어진다. 따라서 회사의 일방적인 의사에 의한 해고와는 구분되며, 이에 따라 근로기준법의 해고예고가 적용되지 않는 것이 원칙이다.

다만, 대법원 판례에 의하면 사용자가 근로자로부터 사직서를 제출받고 이를 수리하는 의원면직의 형식을 취하여 근로계약관계를 종료시킨다 할지라도, 사직의 의사가 없는 근로자로 하여금 어쩔 수 없이 사직서를 작

성·제출케 한 경우에는 실질적으로 사용자의 일방적 의사에 의하여 근로
계약관계를 종료시키는 것이어서 해고에 해당하고, 정당한 이유 없는 해
고는 부당해고라고 판단한 경우가 있다. 이 사례는 일반적인 권고사직의
예외적인 경우로 근로자가 권고사직을 받아들이려는 의사가 전혀 없었
음에도 강박 등으로 어쩔 수 없게 하여 사직서를 작성하도록 한 경우라고
할 것이다.

권고사직 유형별 실업급여 수급자격

—

 권고사직은 2가지 유형이 있는데, ① 회사의 경영상 사유로 인한 권고사
직과 ② 근로자의 귀책사유로 인한 권고사직이 있다. 이러한 유형에 따라
고용보험 실업급여 수급자격이 달리 판단될 수 있다.

① 회사의 경영상 사유로 인한 권고사직

　회사의 경영상 사유로 인한 권고사직은 회사의 경영악화 등의 사유
로 고용조정을 실시하는 과정에서 이루어지는 권고사직이다.

　권고사직은 본인의 의사를 반영하여 사직하는 측면도 자발적인 이
직에 해당될 수 있으나, 회사의 경영상 사정으로 이루어진 경우에는
비자발적인 경우로 판단하여 실업급여 수급자격이 인정된다.

② 근로자의 귀책사유로 인한 권고사직

　근로자의 귀책사유로 인한 권고사직은 근로자에게 해고사유가 발생
하여 징계 해고될 자에게 근로자의 배려 또는 해고 이후의 노사분쟁
예방차원에서 해고하는 대신 사직을 하도록 하는 것이다.

　근로자의 중대한 귀책사유에 의해 권고사직 하는 경우에는 권고사
직이라고 하더라도 이직의 원인이 사업주에게 있는 것이 아니라 근

로자에게 있기 때문에 실업급여 수급자격을 인정받지 못할 수 있다.

권고사직 시 대응
—

권고사직은 법적인 개념이 아니므로, 권고사직과 관련한 제한 규정이 존재하지 않는다. 권고사직을 수용할지 여부는 사용자와 근로자간의 사적 영역으로 판단되므로, 권고사직의 사유를 명확히 확인하고 권고사직을 수용할지 여부를 판단하는 것이 필요하다.

10

김신입이 모처럼 휴일에 다른 약속도 없어 집에서 쉬고 있는데, 대학교에 다니고 있는 동생이 방으로 들어왔다.

"형, 회사 일은 재미있어? 근무하는 부서가 뭐라고 했지?"

"회사 일은 힘들지. 아직 모르는 것도 많고. 응, 경영지원 팀이야."

"경영지원 팀에서는 노무나 인사 업무도 같이 해?"

"응, 내가 그 업무를 담당하고 있어. 왜?"

"잘 됐네. 내가 학원에서 아르바이트를 하고 있잖아. 같은 학원에서 아르바이트를 하고 있는 동료가 개인적인 일이 생겨서 더 이상 근무할 수가 없어 사직서를 내었는데, 학원에서 수리를 안 해 준다고 하네. 이럴 땐 어떻게 해야 하는 거야?"

김신입은 자신이 주변에 도움을 줄 수 있는 일을 하고 있다는 것에 자부심을 느끼며 아는 범위에서 설명해 주었다.

퇴식은 근로자의 일방적 의사표시에 의하거나 일정한 연령에 도달한 근로자의 근로관계를 소멸시키는 제도이다.

퇴직의 유형에는 임의퇴직, 합의퇴직, 정년퇴직, 명예퇴직 등이 있다.

합의퇴직은 근로자가 근로관계를 종료시키고자 사직의 의사표시를 하여 사용자가 수락하는 경우인 반면, 임의퇴직은 사용자가 근로자의 의사표시를 받아들이지 않는 경우 근로자가 일방적으로 근로관계의 종료를 선언하고 근로를 제공하지 않는 것이다.

근로자의 사직의 의사표시가 명확하지 않은 경우 의사표시의 해석을 통해 합의퇴직과 임의퇴직을 구분하게 된다. 판례는 사직서 제출에 대하여 특별한 사정이 없는 한 일방적인 근로계약의 해지통고로 보는데, 그 해석 기준으로 사직서의 기재 내용, 사직서 작성·제출의 동기와 경위, 사직의 의사표시 철회의 동기 등을 고려해야 한다고 판시하고 있다. 사직서의 기재 내용이 사용자에게 사직의 승낙을 구하는 경우, 명예퇴직을 신청한 경우, 사직서 수리를 위한 일정한 절차가 있는 경우, 기업의 사직처리 관행이 사직서 수리결재를 예정하고 있고 대부분 의원면직 형태로 근로관계 종료를 처리해 온 경우 등 사용자의 의사합치를 구하는 취지가 포함되어 있는 경우에는 합의해지의 청약으로 해석될 가능성이 높다.

근로기준법은 근로자 퇴직의 효력발생시기와 관련하여 아무런 규정이 존재하지 않는데, 대부분의 회사에서는 퇴직관련규정에서 '근로자는 퇴직하고자 하는 경우 퇴직하고자 하는 날의 14일 또는 30일 전에 퇴직원을 제출해야 한다.'는 등의 퇴직예고기간을 정하고 있다.

이와 관련하여 판례는 근로자가 사용자에게 사직서를 제출한 경우 특별한 사정이 없는 한 사직서는 사용자와의 근로계약관계를 해지하는 의사표시를 담고 있는 것이므로, 당사자 사이의 근로계약관계는 사용자가 사직서 제출에 따른 사직의 의사표시를 수락하여 합의해지가 성립하거나 민법 제660조[4] 소정의 일정 기간의 경과로 사직서 제출에 따른 해지의 효력이 발생함으로써 종료되는 것이나 민법 제66조는 '근로자의 해약의 자유를 보장하는 규정으로서 근로자에게 불리하지 않는 한 그 기간이나 절차에 관하여 취업규칙에서 이와 달리 규정하는 것도 가능하다고 할 것이 므로, 근로자가 사직할 때에는 일정한 기간 내에 사용자의 승인을 얻도록 하고 있는 경우 근로자가 사직원을 제출하였으나 사용자가 승인을 거부 할 합리적인 이유가 없는데도 승인을 하지 아니하고 있을 때에는 민법 제 660조 소정의 기간이 경과함으로써 근로관계는 종료된다고 보아야 할 것 이다.'라고 하면서 취업규칙에서 정한 14일이 경과한 때에 사직원 제출에 의한 해지의 효력이 생긴다라고 하여, 30일 기간보다 단기간의 사직서 사 전 제출 기간의 유효성을 인정하고 있다.

판례의 태도로 보건대 민법 제660조 제2항에 규정된 30일의 예고기간 보다 장기간의 예고기간을 사용자와 근로자간 특약으로 약정하는 것은 효력이 부인될 것으로 판단된다.

따라서 사직서를 제출하였음에도 특별한 사정이 없이 사직서 수리 및 처 리를 안 해 줄 경우 1개월(기간으로 보수를 정한 때에는 상대방이 해지통 고를 받은 당기 후의 1기)이 경과할 경우 사직의 효력이 발생하므로 계속 근무할 필요가 없다.

---

4) 민법 제660조 (기간의 약정이 없는 고용의 해지통고)
　① 고용기간의 약정이 없는 때에는 당사자는 언제든지 계약해지의 통고를 할 수 있다.
　② 전항의 경우에는 상대방이 해지의 통고를 받은 날로부터 1월이 경과하면 해지의 효력이 생긴다.
　③ 기간으로 보수를 정한 때에는 상대방이 해지의 통고를 받은 당기후의 일기를 경과함으로써 해지의 효력이 생긴다.

성급하게 사직서를 제출하여 철회하고 싶은데 가능할까?

11

"월요일 아침은 왜 이렇게 항상 바쁜 거지?"

김신입이 바쁜 오전 업무를 처리하고 있는데 동생에게서 전화가 왔다.

"나, 바쁜데. 왜 전화했어?"

"형, 급하게 물어볼 것이 하나 더 있어서. 어제 이야기했던 동료 말이야. 개인적인 일이 해결되어서 계속 아르바이트를 하고 싶다고 하네. 그런데 사직서를 제출했잖아. 사직서를 철회하는 것도 가능해?"

"그건, 나도 잘 모르겠는데. 나중에 확인해서 알려줘도 돼?"

"가능한 빨리 부탁해."

사직 의사의 철회에 대하여 판례는 사직 의사표시를 임의퇴직과 합의해지로 구별하여 처리 기준을 다르게 보고 있으므로, 사직의사의 철회가 임의퇴직인지 합의해지에 대한 청약의 의사표시인지 여부를 먼저 판단해야 한다.

근로자가 사직의 의사표시를 철회할 경우 철회 가능 시점은 임의퇴직과 합의해지 시 다르다. 먼저 임의퇴직의 경우 사직의 의사표시가 사용자에게 도달하기 이전에 가능하고, 사직의사표시가 도달 이후에는 사용자의 동의가 있다면 가능하다. 다음으로 합의해지의 경우 사용자의 승낙의 의사표시가 근로자에게 도달하기 이전에 가능한 것으로 볼 수 있다. 다만, 이 경우에도 철회로 인하여 사용자가 불의의 손해를 입는 등 신의칙에 반하는 사정이 있는 경우에는 철회가 불가하다.

철회의 효력이 부인된 경우

사직의 의사표시는 특별한 사정이 없는 한 해당 근로관계를 종료시키는 취지의 해약고지로서, 사직서 제출이 일방적인 근로계약의 해지통고일 경우 사용자에게 의사표시가 도달한 이후에는 사용자의 동의 없이 철회할 수 없다.

참고로, 근로자의 사직의 의사표시가 진의가 아닌 '비진의 의사표시'라는 주장이 빈번하게 제기되고 있는데, 처분문서의 증명력을 부정하기가 쉽지 않은 관계로 판례는 비진의 의사표시에 의한 사직서 제출에 대해 매우 엄격하게 판단하고 있다.

철회의 효력을 인정한 경우

근로자가 일방적으로 근로계약 관계를 종료시키는 해약의 고지 방법에 의하여 임의사직 하는 경우가 아니라, 근로자가 사직원의 제출 방법에 의하여 근로계약관계의 합의해지를 청약하고 이에 대하여 사용자가 승낙함으로써 해당 근로관계를 종료시키게 되는 경우에 있어서는 근로자는 사식원의 제줄에 따른 사용자의 승낙의사가 형성되어 확정적으로 근로계약 종료의 효과가 발생하기 전에는 사직의 의사표시를 자유로이 철회할 수 있다.

다만, 근로계약 종료의 효과 발생 전이라고 하더라도 근로자가 사직의 의사표시를 철회하는 것이 사용자에게 불측의 손해를 주는 등 신의칙에 반한다고 인정되는 특별한 사정이 있는 경우는 철회가 허용되지 않는다.

경쟁 업체에서 채용 요청이 왔는데 이직해도 될까?

12

강절친으로부터 연락이 왔는데 목소리를 들어보니 상당히 들떠 있는 것 같았다.

"뭐 좋은 일 있냐?"

"세상에 이런 일이 다 있네. 수습 딱지도 떼고 마음잡고 근무하려고 했는데, 헤드헌터 업체에서 연락이 왔네. 이직할 생각이 없냐고……."

"너 같은 신입한데 연락이 오는 건 뭔가 이상한데 잘못 전화한 거 아니야?"

"나도 처음엔 그렇게 생각했는데, 내 전공이 요즘 뜨는 전공이잖아. 그래서 사람이 많이 부족한가 봐. 우리 회사는 계속 근무하기에 불안한 측면이 있어서 고민이 되네. 이직해도 될까?"

"너, 잘 알아봐야 할 거야. 경업금지의무라는 것이 있는데, 너희 회사는 어떻게 관리하고 있는지도 확인해야 해."

"그래? 네가 알고 있는 대로 설명 좀 해 줘. 내가 물어볼 사람이 없잖아, 하하."

"나도 잘 알지는 못하는데, 아는 범위에서 알려줄게."

경업금지의무란 근로자가 근로관계 종료 후 경쟁 관계에 있는 기업에 취업하거나 업을 영위하는 것을 일정 기간 하지 않을 의무를 말하며, 이러한 내용을 근로계약 등으로 정한 것을 경업금지약정이라고 한다.

경업금지약정은 회사의 영업권 보호를 위해 필요한 조치이지만 근로자가 이직하면서 자신의 경력을 바탕으로 동종 업체에 취업하는 것이 일반적인 관행이므로 경업금지약정은 근로자의 직업 선택의 자유를 침해하는 문제가 있다. 따라서 업무의 성질이나 직책상 사용자의 이익이 보호되어야 하는 경우에 한하여 인정될 수 있다.

근로자는 재직 중 회사에서 지득한 '영업 비밀'을 유지할 의무가 있는데, 영업 비밀이란 ① 일반적으로 알려져 있지 아니하고, ② 독립된 경제적 가치를 가지며, ③ 상당한 노력에 의하여 비밀로 유지·관리된, ④ 생산방법·판매방법 기타 영업 활동에 유용한 기술상 또는 경영상의 정보를 말한다.

영업 비밀 보호를 위하여 퇴직 후 일정 기간 경쟁 회사로의 취업을 제한하는 약정을 체결할 경우 어느 정도까지 인정할 것인지가 문제되는데, 판례는 ① 특정 영업 비밀이 존재하고 이에 대한 보호 노력이 있어야 하고, ② 영업 비밀을 개발하였거나 영업 비밀에 접근할 수 있어 영업 비밀을 소유하거나 소유할 가능성이 있어야 하며, ③ 영업 비밀을 보호할 필요가 있더라도 취업의 제한은 최소한의 기간(통상 1년 정도)과 장소로 제한되어야 하고, ④ 영업 비밀을 유지하더라도 사용자에게는 별 이익이 없는데 반하여 종업원에게 생계를 유지할 수 있는 중요한 수단이 되는지 여부를 확인하며, ⑤ 비밀 취급과 관련하여 기밀 수당 등의 보상이 주어지거나 퇴직 후 취업 제한과 관련하여 일정 기간 보상이 이루어지는지 여부 등을 종합적으로 고려하여 판단하고 있다.

일반적으로 경쟁 업체에서 채용 요청이 있는 경우는 영업 비밀에 해당하는 사항을 채용 요청받은 근로자가 잘 알고 있다거나 이직할 경우 경쟁 업체에 도움이 될 것을 기대하고 채용 요청을 하는 경우인데, 현재 재직하고 있는 사업장에서 판례에서 확인하고 있는 조치를 모두 취하고 있음에도 전직을 한다면 법적으로 문제가 될 수 있다.

　근로자가 영업 비밀을 침해한 경우 사용자는 손해배상의 청구와 함께 금지 또는 예방의 청구가 가능하며, 형사처벌, 전직금지 가처분 신청이 가능하다.

주제 9

퇴직급여,
은퇴 후를 준비하자

주제 9에서 알아볼 내용은 다음과 같다.

내 퇴직금 계산하기

01

김신입은 급여 담당 직원이 직원의 퇴사가 있을 때마다 퇴직금 계산하는 방법에 대하여 질의를 해 와서 이번 기회에 쟁점이 되는 사항을 정리해 주기로 하였다.

먼저 퇴직금 계산 방법과 퇴직금 계산 시 포함되는 기간 등에 대해서 정리하기로 했다.

퇴직금의 개념 및 적용

'퇴직금'은 근로자를 채용하고 있는 사업장에서 근로자의 퇴직 시 근로연수 1년에 대하여 30일분 이상의 평균임금을 사업주가 근로자에게 지급하는 제도이다. 이때 평균임금의 계산은 산정사유발생일(퇴사일로 '마지막 근무일의 다음날'을 말한다.) 직전 3개월의 임금 총액을 해당 일수로 나누어 계산한다.

참고로, 퇴직금 제도가 5인 미만 사업장에 적용된 것이 2010년 12월 1일이므로 그 당시 5인 미만 사업장인 경우 2010년 12월 1일 이후 근로일수부터 퇴직금의 지급의무가 발생하며 그 이전 근무분에 대해서는 법정 퇴직금이 발생하지 않는다.

퇴직금의 지급 대상자는 근로자 중 1년 이상 근무하고 퇴직한 자이다. 따라서 1년 미만 근무한 근로자는 퇴직금이 발생하지 않는다.

또한, 근로자가 아닌 회사의 대표이사 등 임원은 민법상 위임에 관한 규정을 적용하므로 법정퇴직금 지급대상이 아니다. 따라서 퇴직금을 지급할 경우에는 통상 별도의 지급 근거인 임원퇴직금 지급규정을 만들어 지급하는 것이 일반적이다.

퇴직금의 계산방법

—

퇴직금은 30일분의 평균임금에 계속근로연수를 곱해서 계산한다. 여기서 '계속근로연수'는 계속근로기간을 365로 나눈 것이다.

퇴직금 = 평균임금(1일분) × 30 × 계속근로기간 ÷ 365

'계속근로기간'은 계속하여 근로를 제공한 기간으로 근로계약을 체결하여 근로관계가 종료될 때까지의 기간을 말한다. 따라서 개근 또는 출근율에 관계없이 사업장에 적을 가지고 있는 한 포함되는 것이 원칙이다. 계약직의 경우 근로계약기간이 만료하면서 다시 근로계약을 맺어 근로계약기간을 갱신하거나 동일한 조건의 근로계약을 반복하여 체결한 경우 계속근로기간에 포함되는지가 문제될 수 있는데, 이때에는 갱신 또는 반복된 계약기간을 합산하여 계속근로 여부와 계속근로연수를 판단한다.

계속근로기간에 포함되는지 여부가 문제가 될 수 있는 다음의 경우 계속근로기간에 포함되는 것으로 본다.

1. 사업장 휴업기간
2. 노동조합 전임자로 근무한 기간
3. 일용근로자로 근무하다 정규사원이 된 경우 일용근로자로 근무한 기간
4. 직업능력개발훈련기간
5. 수습 및 시용기간
6. 쟁의행위기간
7. 부당해고기간, 정직기간, 대기발령기간
8. 육아휴직기간

연차휴가(미사용)수당도 퇴직금에 반영될까?

02

김신입은 퇴직금 계산과 관련하여 기본적인 계산 방법과 포함되는 기간에 대하여 정리해서 급여 담당자에게 제공하였다.

"이렇게 이해하기 쉽게 정리해 주셔서 업무를 하는데 많은 도움이 될 것 같아요. 그리고 우리가 퇴직금 계산할 때 많이 헷갈리는 부분이 연차휴가 수당이에요. 이 부분이 어떻게 포함되는지도 정리해 주시면 감사하겠습니다."

"네, 그것도 정리해서 드릴게요."

연차휴가 미사용수당도 평균임금에 반영된다. 다만, 평균임금 산정에 포함되는 연차휴가 미사용수당은 퇴직하기 전 이미 발생한 수당이다. 즉, 퇴직 전전년도 출근률에 의하여 퇴직 전년도에 발생한 연차휴가 중 미사용하고 근로한 일수에 대한 연차휴가 미사용수당액의 3/12을 퇴직금 산정을 위한 평균임금 산정 기준임금에 포함시키는 것이 원칙이다. 따라서 퇴직으로 인해 발생한 연차휴가 미사용수당은 평균임금 산정에 포함되지 않는다.

예를 들어, 2018.1.1.에 입사하여 2020.12.31.까지 근무하고 퇴사한 직원의 평균임금에 반영되는 연차휴가 미사용수당은 2019년에 발생한 연차일수

중 미사용하여 2020년 1월에 미사용수당으로 정산되어야 될 금액의 3/12을 반영하는 것이고, 2020.12.31.에 퇴직함으로써 비로소 지급 사유가 발생하는 연차휴가 미사용수당은 퇴직금 산정을 위한 평균임금 산정 기준임금에는 포함되지 않는다. 만약 2019년에 발생한 연차휴가를 모두 사용했다면 퇴직금에 반영할 연차휴가 미사용수당은 없다.

또한, 1년 미만 근무 기간 중에 발생한 연차휴가의 미사용으로 인한 퇴직금 반영과 관련하여 예를 들면, 2019.1.1. 입사하여 2020.12.31.까지 근무하고 퇴사한 직원의 경우 2019년 1년간의 근로로 인해 2020.1.1. 발생한 15개의 연차휴가에 대한 미사용수당은 퇴직으로 인하여 비로소 지급 사유가 발생하는 것이므로 퇴직금 산정기준에 포함되지 않는다. 그러나 2019년에 매월 개근하여 매월 1일씩 발생한 11일의 연차휴가는 매월 휴가 발생일로부터 1년 후인 2020년에 소멸되어 수당으로 지급되었을 것이므로 퇴직일인 2021. 1. 1. 이전 3개월에 해당하는 기간 동안 지급된 미사용수당 2일분이 평균임금 산정 시 포함된다. 이때, 2일분의 미사용수당은 연단위로 발생한 것이 아니라 월단위로 발생한 것이므로 2일×3/12이 반영되는 것이 아니라 2일분의 수당 전체가 퇴직금 산정기준에 포함된다.

아르바이트로 근무한 경우에도
퇴직금이 발생할까?

03

"형, 학원 아르바이트 한 지도 벌써 1년이 넘은 것 같은데, 아르바이트도 퇴직금을 받을 수 있어?"

동생이 취업 준비 때문에 학원 아르바이트를 그만 두어야 되겠다며 김 신입에게 질문을 했다.

"퇴직금을 지급하는 요건이 근무 형태와는 무관하게 근로자로 1년 이상 근무하면 발생하니까 아르바이트도 퇴직금을 받을 수 있을 것 같은데."

"그래? 난 아르바이트를 할 경우에는 퇴직금을 못 받는다고 생각했었는데, 잘못 알고 있었구나."

"너, 모르고 그냥 넘어갈 뻔한 걸 내가 알려줬으니 퇴직금 받으면 한턱 내."

"물론이지. 받으면 맛있는 것 사 줄게. 하하"

퇴직금은 정규직 등 풀타임 근무를 하는 근로자에게만 발생하는 것이 아니라 아르바이트, 일용직 등의 경우에도 1년 이상 근무하면 퇴직금이 발생한다.

이와는 다른 이슈로 근로시간과 관련하여 4주 동안을 평균해 1주 동안의 소정근로시간이 15시간 미만인 초단시간 근로자에 대해서는 연차휴가, 주휴수당, 퇴직금이 적용되지 않는다. 따라서 파트타임으로 짧게 근무하는 아르바이트 직원이 퇴사할 경우 근무시간이 들쭉날쭉하기에 퇴직금이 발생하는 건지 종종 문제된다.

4주간 평균하여 1주 소정근로시간이 15시간 이상과 미만을 반복하는 단시간근로자인 경우에는 퇴직일을 기준으로 이전 4주 단위씩 역산하여 1주 소정근로시간을 구하면 된다. 즉, 전체 재직 기간 중에서 1주 소정근로시간이 15시간 미만인 기간은 제외하고, 1주 소정근로시간이 15시간 이상인 기간을 더해서 산정하면 된다. 예를 들어 첫째 주 20시간, 둘째 주 10시간, 셋째 주 20시간, 넷째 주 10시간 근무했다면, 4주를 평균한 15시간이 1주 동안의 소정근로시간이 된다.

아래 예시와 같이 총 2년 4개월을 근무했더라도 4주 평균 소정근로시간이 1주 15시간 이상인 1년 6개월(8개월+3개월+7개월)을 계속근로연수로보아 퇴직금을 산정하면 된다. 주의할 점은 퇴직금은 퇴직한 날 이전 3개월을 기준으로 평균임금을 산정하므로, 평균임금 산정 시에는 주 15시간 일한 달의 임금 3개월분을 반영하는 것이 아니라, 실제 퇴직한 날인 'G'시점 이전 3개월의 임금을 반영하면 된다.

퇴직금 산정 예시

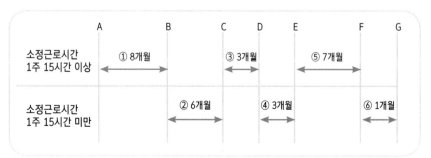

재직 중에 퇴직금 중간정산 받기

04

"김신입씨, 퇴직금 중간정산을 받으려면 어떤 요건을 갖춰야 하는지 확인해 줘요."

"네, 팀장님. 퇴직금 중간정산 받으시게요?"

"이번에 이사를 하게 되었는데, 대금이 조금 부족하네. 퇴직금 중간정산을 받을 수 있으면 좋겠는데 말이야."

"네, 알겠습니다. 확인해서 말씀드리겠습니다."

퇴직금은 1년 이상 근무를 하고 퇴사를 하였을 때 지급되는 것이 원칙이다. 그러나 근무 중 목돈을 사용할 필요성이 있는 특수한 경우인 주택구입 등 아래의 표에서 제시한 대통령령으로 정한 사유에 해당하여 근로자가 요구한 경우에는 근로자가 퇴직하기 전에 해당 근로자의 계속근로기간에 대한 퇴직금을 미리 정산하여 지급할 수 있는데, 이를 '퇴직금 중간정산'이라고 한다.

퇴직금 중간정산 사유(시행령 제3조)

1. 무주택자인 근로자가 본인 명의로 주택을 구입하는 경우
2. 무주택자인 근로자가 주거를 목적으로「민법」제303조에 따른 전세금 또는「주택임대차보호법」제3조의2에 따른 보증금을 부담하는 경우. 이 경우 근로자가 하나의 사업에 근로하는 동안 1회로 한정한다.
3. 근로자가 6개월 이상 요양을 필요로 하는 다음 각 목의 어느 하나에 해당하는 사람의 질병이나 부상에 대한 의료비를 해당 근로자가 본인 연간 임금총액의 1천분의 125를 초과하여 부담하는 경우
   가. 근로자 본인
   나. 근로자의 배우자
   다. 근로자 또는 그 배우자의 부양가족
4. 퇴직금 중간정산을 신청하는 날부터 거꾸로 계산하여 5년 이내에 근로자가「채무자 회생 및 파산에 관한 법률」에 따라 파산선고를 받은 경우
5. 퇴직금 중간정산을 신청하는 날부터 거꾸로 계산하여 5년 이내에 근로자가「채무자 회생 및 파산에 관한 법률」에 따라 개인회생절차개시 결정을 받은 경우
6. 사용자가 기존의 정년을 연장하거나 보장하는 조건으로 단체협약 및 취업규칙 등을 통하여 일정나이, 근속시점 또는 임금액을 기준으로 임금을 줄이는 제도를 시행하는 경우
6의2. 사용자가 근로자와의 합의에 따라 소정근로시간을 1일 1시간 또는 1주 5시간 이상 변경하여 그 변경된 소정근로시간에 따라 근로자가 3개월 이상 계속 근로하기로 한 경우
6의3. 법률 제15513호 근로기준법 일부개정법률의 시행에 따른 근로시간의 단축으로 근로자의 퇴직금이 감소되는 경우
7. 재난으로 피해를 입은 경우로서 아래 어느 하나의 사유에 해당하는 경우
   가. 「재난 및 안전관리 기본법」제66조 제1항 각 호의 재난이 발생한 지역의 주거시설이 유실·전파 또는 반파된 피해. 이 경우, 주거시설은 가입자, 배우자, 「소득세법」제50조 제1항제3호에 따른 근로자(배우자를 포함한다)와 생계를 같이 하는 부양가족이 거주하는 시설로 한정한다.
   나. 「재난 및 안전관리 기본법」제66조 제1항 각 호의 재난으로 인해 가입자의 배우자, 「소득세법」제50조 제1항제3호에 따른 가입자(배우자를 포함한다)와 생계를 같이 하는 부양 가족이 실종된 경우
   다. 「재난 및 안전관리 기본법」제66조제1항 각 호의 재난으로 인해 가입자가 15일 이상의 입원 치료가 필요한 피해를 입은 경우

퇴직금의 중간정산 신청이 있다고 하여 사업장에서 반드시 중간정산을 해 주어야 할 의무는 없으며, 사업장의 여건 등을 고려하여 중간정산 해 줄 수 있는 것이다.

중간정산을 통해 퇴직금을 미리 정산하여 지급한 후의 퇴직금 산정을 위한 계속근로기간은 정산한 시점부터 새로 계산한다.

퇴직금이 연봉에 포함되어 있어서
퇴직금을 줄 수 없다고 하는데,
정말 퇴직금을 받을 수 없을까?

05

"안녕하세요? 박노무사님. 지금 통화 가능하세요?"

"네, 김신입씨. 가능합니다. 자문 받을 사항이 있나요?"

"네, 저희 회사 직원에게서 들은 내용인데, 연봉에 퇴직금이 포함되어 있어서 퇴직금을 별도로 지급하지 않는다는 회사가 있다고 합니다. 이렇게 하는 것이 법적으로 가능한가요?"

"음, 퇴직금의 성격상 포괄임금으로 할 수가 없어요. 포괄임금에 대하여 구체적으로 설명해 드릴게요."

포괄임금제도의 개념
—

근로계약을 체결할 때에 기본임금(통상임금)을 미리 정하고 이를 기초로 연장·야간 또는 휴일근로에 대한 가산임금을 지급하는 것이 원칙이다.

그런데 일정한 연장·야간 또는 휴일근로가 예정된 근무 형태에서 기본임금을 미리 정하지 않은 채 연장근로 등에 대한 가산임금을 합하여 일정한 금액을 월급 또는 일급 임금으로 정하는 경우가 있는데 이러한 경우가 원래의 의미에서의 포괄임금제이다.

포괄임금제에 관한 약정이 성립하였는지 여부는 근로시간, 근로형태와 업무의 성질, 임금산정의 단위, 단체협약과 취업규칙의 내용, 동종 사업장의 실태 등 여러 사정을 전체적·종합적으로 고려하여 구체적으로 판단해야 한다.

포괄임금제도의 유효 요건

—

근로조건 명시 및 가산임금 지급규정에 비추어, 이러한 포괄임금제가 유효할 수 있는지가 문제된다.

① 감시·단속적 근로 등과 같이 가) 근로시간, 근로형태와 업무의 성질을 고려할 때 근로시간의 산정이 어려운 것으로 인정되는 경우에는 근로자의 승낙을 얻어 '포괄임금제에 의한 임금 지급계약'을 체결하더라도 나) 단체협약이나 취업규칙에 비추어 그것이 달리 근로자에게 불이익이 없고 여러 사정에 비추어 정당하다고 인정될 때는 유효하다.

이와 같이 포괄임금제는 근로시간에 따른 임금 지급의 원칙에 부합되는 것은 아니지만 연장근로 등이 예정된 특수한 근무형태 아래서 가산임금 계산의 편의 등을 위하여 당사자 사이에 합의한 것이어서 이를 무효로 볼 수는 없다.

② 반면에 근로시간 산정의 어려움 등의 특별한 사정이 없음에도 포괄임금제 방식의 임금 지급계약을 체결하는 것은 그것이 근로기준법이 정한 근로시간에 관한 규제를 위반할 경우 허용될 수 없다. 즉, 위와 같은 특별한 사정이 없음에도 포괄임금제 방식으로 약정된 경우 포괄임금에 포함된 정액의 법정수당이 근로기준법이 정한 기준에 따라 산정

된 법정수당에 미달하는 때에는 그에 해당하는 포괄임금제에 의한 임금지급계약의 부분은 근로자에게 불이익하여 무효가 된다.

포괄임금제에 관한 약정이 성립하였는지 여부는 근로시간, 근로 형태와 업무의 성질, 임금 산정의 단위, 단체협약과 취업규칙의 내용, 동종 사업장의 실태 등 여러 사정을 전체적·종합적으로 고려하여 구체적으로 판단하여야 하며, 비록 개별 사안에서 근로 형태나 업무의 성격상 연장·야간·휴일근로가 당연히 예상된다고 하더라도 기본급과는 별도로 연장·야간·휴일근로수당 등을 세부 항목으로 명백히 나누어 지급하도록 단체협약이나 취업규칙, 급여규정 등에 정하고 있는 경우는 원래 의미의 포괄임금제에 해당하지 아니한다고 할 것이다.

포괄임금에 포함될 수 있는 임금 항목

—

포괄임금에 포함될 수 있는 임금 항목에 대해 대부분의 판례에서 시간외근로수당, 야간근로수당, 휴일근로수당 등의 법정수당이 포괄임금에 포함될 수 있다는 점을 부정하는 것은 발견하기 힘들다.

연차휴가 미사용수당에 대해서는 포괄임금으로 포함할 수 있는지에 대하여 이론의 여지가 있는 것으로 보이나 연차휴가 미사용수당의 경우에도 선매수(임금을 지급함으로써 연차휴가의 사용권을 박탈하는 경우)가 아닌 한 허용하고 있다.

그러나 퇴직금을 포괄임금에 반영하여 매월 지급하는 형태는 퇴직금의 임금후불적인 성격 등 퇴직금의 취지에 비추어 인정되지 않으므로 연봉에 퇴직금을 포함하여 근로계약을 체결하더라도 법상 유효하지 않게 된다.

퇴직연금 가입해야 할까?

"김신입씨, 임원 회의에서 우리 회사도 퇴직연금에 가입하는 것이 어떤
지 검토해 보라고 하네. 퇴직연금에 가입할 경우의 장단점에 대해서 정리
해 봐요."

"네, 팀장님. 퇴직연금 제도의 개념과 가입 시 장단점에 대해서 확인해
보겠습니다."

퇴직연금 제도는 기존의 퇴직금 제도가 잦은 중간정산 등의 사유로 실
질적인 노후대책 효과가 없다는 것을 보완하기 위하여 정부가 2005년에
도입한 제도이다. 퇴직연금 제도의 유형은 자산운영의 권한과 책임을 누
가 지느냐에 따라 확정급여형(DB형)과 확정기여형(DC형)으로 나눌 수
있다.

'확정급여형 퇴직연금(DB형)'이란 근로자가 받을 연금급여가 사전에 확
정되고, 사용자가 부담하여 적립할 금액은 적립금 운용 결과에 따라 변동
될 수 있는 연금제도이다.

확정급여형 퇴직연금의 특징으로는 ① 근로자가 퇴직 시 받을 급여가
현행 퇴직금과 동일하게 확정되어 있고, ② 사용자의 부담은 적립금의 운
용 결과에 따라 다른데, 운용 수익이 좋은 경우 사용자 부담이 적어지나

운용 수익이 나쁜 경우 사용자의 부담이 늘어날 수 있으며, ③ 적립금의 운용 권한과 책임은 사용자가 가지고 있으므로 퇴직연금사업자(금융기관)는 적립금의 운용 방법과 관련 정보를 사용자에게 제시하여야 한다.

사용자는 사업연도 말 퇴직급여 예상액의 60% 이상(최소적립금 수준 : 2019년 1월 1일부터 2020년 12월 31일까지 90%, 2021년 1월 1일부터 100%)이 적립되도록 해야 하고, 퇴직연금 규약에서 약정한 시기에 정기적으로 부담금을 납입해야 한다.

'확정기여형 퇴직연금(DC형)'이란 사용자의 부담금이 사전에 확정되고 근로자가 받을 퇴직급여는 적립금을 운용한 실적에 따라 변동되는 제도이다. 사용자는 정기적으로 근로자의 개인 계좌에 부담금을 적립하고, 근로자는 그 적립금을 금융 상품에 투자하다가 퇴직할 때 운용 성과에 따라 퇴직급여를 수령하게 된다.

이는 정기적으로 발생하는 퇴직금을 근로자 개별 계좌에 적립시켜주므로 매월, 혹은 매년 중간정산을 하는 것과 유사한 형태가 된다. 다만, 적립금을 근로자가 각각 운영하므로 근로자가 받게 되는 퇴직급여는 적립금 운용 실적에 따라 달라질 수 있다.

확정기여형 퇴직연금(DC형)에 가입하는 경우 사용자는 근로자별 임금 총액의 1/12 이상을 퇴직연금 규약에서 약정한 시기에 정기적으로 납입해야 한다. 근로자가 원하는 경우 추가적으로 근로자는 부담금을 납부할 수 있으며, 추가로 적립할 경우 연금저축 납입액과 합산하여 연간 700만원 한도 내에서 세액공제 혜택을 받을 수 있다.

확정기여형 퇴직연금의 경우 확정급여형 퇴직연금과 다른 것은 중도인출이 가능하다는 것인데, 무주택자의 주택구입 등 특별한 사정이 있는 경우 적립금 전액을 중도 인출할 수 있다.

퇴직연금에 가입하는 것이 좋은지, 아니면 가입하지 않은 것이 좋은지를 판단하기 위하여 퇴직연금 제도를 도입할 경우의 장단점에 대하여 확인해 보면 다음과 같다.

퇴직연금 제도를 도입할 경우 근로자 측의 장점 요인으로는 ① 기존의 퇴직금 제도의 경우 사내에 부분 적립하거나 장부상으로만 적립되어 사업장이 도산하는 경우 보호받을 수 없어 수급권 보장에 미흡하였지만, 퇴직연금 제도는 금융기관에 사외 적립하기 때문에 근로자의 수급권이 보장되며, ② 기존의 퇴직금 제도 하에서는 변화된 근무 환경에 따라 근로자들이 잦은 직장 이동을 할 경우 퇴직금이 생활 자금으로 소진되는 결과를 낳았으나 퇴직연금 제도의 경우 직장 이동시에도 퇴직금을 통산하여 관리하고 운용할 수 있는 장치이므로 직장을 이동할 때마다 받은 퇴직금을 소모하지 않고 개인퇴직연금(IRP)에 적립하여 55세 이후에 연금 또는 일시금으로 본인이 선택하여 수령할 수 있고, ③ 근로기간 중 근로자추가부담금(확정기여형의 경우)은 개인연금저축과 합산하여 연간 700만원 한도까지 세액공제가 되며, 운용 단계의 이자(투자)수익에 세금을 부과하지 않아 일반 금융 상품에 비해 이자소득세 만큼 투자원금이 증대되며, ④ 퇴직연금을 수령할 때 세금을 납부하게 되므로(과세이연) 퇴직연금이나 일시금을 받을 시점에 과세에서 유리한 쪽으로 선택하여 세금을 낮출 수 있는데 일반적으로 퇴직급여 수령시기에는 근로활동을 할 때보다 소득수준이 낮기 때문에 과세하더라도 세금을 절약할 수 있다.

다음으로 사용자측의 장점 요인으로는 ① 퇴직연금 제도는 매년 발생하는 퇴직부채를 기준으로 퇴직충당금을 사외 금융기관에 적립하는 제도로서 퇴직금 제도에 비하여 최근 기업들이 도입하고 있는 연봉제, 성과주의 임금제도, 임금피크제 등과 유연하게 어울릴 수 있으며(확정기여형 퇴직연금 제도), ② 정기적으로 퇴직연금의 부담금을 납부하게 됨으로써 퇴직급여 관련 비용부담을 평준화할 수 있어 일시에 다수의 근로자가 퇴직하는 경우 발생할 수 있는 퇴직금 조달의 어려움으로부터 벗어날 수 있고, ③ 확정급여형의 경우 다양한 금융 상품에 투자가 가능함에 따라 수익률을 제고하여 사용자의 부담을 완화할 수도 있다.

따라서 노사 양측에 장점이 많은 제도이나, 수수료 부담과 운용 수익이 금리의 인하로 계속 낮아지는 문제점이 있으므로 이를 고려하여 퇴직연금제도의 도입 여부를 판단하여야 할 것이다. 참고로, 30인 이하 기업의 경우 근로복지공단을 통하여 확정기여형 퇴직연금에 가입할 경우 수수료가 할인된다(확정급여형 퇴직연금은 가입할 수 없다.).

퇴직연금 유형에 따라 어떤 차이가 있을까?

김신입은 퇴직연금에 대하여 정리한 자료를 정팀장에게 보고하였다.

정팀장이 보고서의 내용을 확인하고는,

"퇴직연금의 개념과 가입 시 장단점에 대해서 정리를 잘했네. 음, 퇴직연금에 가입한다면 어떤 유형에 가입할지가 고민이네. 두 유형의 차이점을 보기 쉽게 정리해 보도록 해요. 그 내용과 함께 경영진에게 보고해야 겠어."

"네, 비교표를 만들어 보기 쉽게 정리해 보겠습니다."

앞에서 확인한 것처럼 퇴직연금의 유형은 확정급여형 퇴직연금과 확정기여형 퇴직연금이 있다. 두 제도의 가장 큰 제도상 특징으로 확정급여형 퇴직연금은 근로자가 받을 연금급여가 사전에 확정되고, 사용자가 부담하여 적립할 부담금은 적립금 운용 결과에 따라 변동될 수 있어 자산운용을 사용자가 하게 되고 운용 결과를 사용자가 지게 된다는 것이다.

확정기여형 퇴직연금은 사용자가 부담하여 적립할 부담금이 근로자별 임금총액의 1/12로 사전에 확정되어 있어 퇴직연금 규약에서 약정한 시기에 이 금액을 정기적으로 적립하면 사용자의 책임은 끝나는 것이고, 적립된 자산의 운용은 근로자가 직접 하게 되고 그 운용 결과를 근로자가 책임을 지게 된다는 것이다.

퇴직연금 유형별 개념

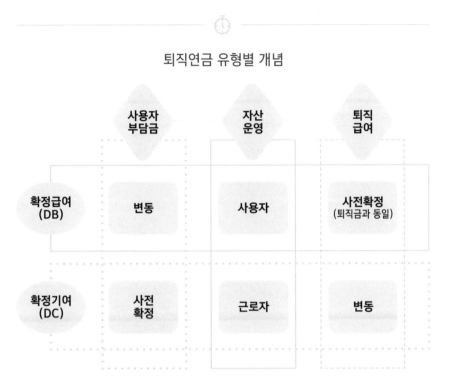

	사용자 부담금	자산 운영	퇴직 급여
확정급여 (DB)	변동	사용자	사전확정 (퇴직금과 동일)
확정기여 (DC)	사전확정	근로자	변동

　일반적으로 퇴직연금의 유형을 선택할 때는 임금 상승률, 기업의 재무구조, 기존 임금체계, 투자 성향 및 수익률, 근로자의 선호도, 수수료 등을 고려하여 제도를 선택하게 된다.

　두 퇴직연금의 차이점을 비교해 보면 다음과 같다.

　확정급여형 퇴직연금은 ① 최종 퇴직급여 수준은 근로자의 '최종 임금 수준'과 '근속년수'에 따라 결정되며, ② 퇴직연금 운용 등에 대해 근로자는 고민하지 않아도 무방한데, 그 이유는 회사가 퇴직연금 적립금을 운용하여 최종적으로 근로자에게 지급하기 때문이고, ③ 회사가 도산했을 때 최악의 경우에는 사외에 예치된 적립금만 받아야 하는 상황이 발생할 수도 있다는 것이다.

확정기여형 퇴직연금은 ① 최종 퇴직급여 수준은 근로자의 '운용 수익'
과 '추가 부담 수준'에 따라 결정되며, ② 퇴직연금 운용에 대해 근로자가
고민은 해야 하는데, 스스로의 운용 실적에 따라 최종 퇴직급여 수준이 변
화하기 때문이다. 따라서 금융기관은 퇴직급여의 안정적 보장을 위하여
원리금보장 상품을 포함해 자산운용 방법을 제시하게 된다. ③ 회사의 역
할은 매년 연간 임금총액의 1/12 이상에 해당하는 부담금을 근로자의 확
정기여형 퇴직연금 제도 계정에 납입하여야 하며, ④ 퇴직급여가 100%
사외에 예치되므로 회사가 도산하더라도 퇴직급여는 100% 보존된다.

퇴직급여 유형별 특징 비교

구분	퇴직금	퇴직연금	
		확정급여형(DB)	확정기여형(DC)
개념	퇴직 시에 평균임금에 의한 금액지급	• 노사가 사전에 급여수준과 내용을 약정 • 근로자가 일정한 연령에 달할 때 약정급여 지급	• 노사가 사전에 부담할 기여금을 확정 • 적립금을 근로자가 자기책임으로 운용 • 근로자가 일정한 연령에 달할 때에 그 운용 결과에 따라 급여지급
퇴직급여 형태	일시금	연금 또는 일시금	연금 또는 일시금
퇴직급여 수준		퇴직금과 동일	퇴직금보다 많거나 적음 (운영실적에 따라 다름)
비용 부담 수준	평균임금의 30일분		
적립 방식	사내적립	부분 사외적립	전액 사외적립
수급권 보장	불안정	부분 보장	보장
사용자 관리부담	계속적인 관리부담	퇴직 후에도 관리 필요	적립 후 부담 없음
직장 이동시 연결	불가능	어려움	쉬움
적합 대상	도산 위험이 없고 임금상승률이 높은 근로자	도산 위험이 없고, 퇴직연금수급자 관리 능력이 있는 기업, 장기근속자, 대기업	체불 위험이 있는 기업, 직장이동이 잦은 근로자, 연봉제, 단기근속자, 중소기업

근로자가 퇴직연금제도를 선택할 수 있는 상황이라면 일반적으로 다음의 사항을 참고하여 제도를 선택할 수 있으나, 각 사업장의 상황이 다르므로 모든 경우에 일률적으로 적용되는 것은 아니다.

① 한 사업장에서 장기 근속할 것이고, 임금 상승률이 스스로 자산을 운용하여 얻을 수 있는 운용 수익률보다 높을 것으로 예상되며, 도산의 위험이 낮은 사업장이라면 최종 퇴직시의 임금수준과 근속년수에 따라 퇴직급여가 결정되는 확정급여형 퇴직연금이 보다 더 유리하다.

② 이직이 잦아 한 사업장에서의 근속년수가 짧고, 스스로 자산을 운용해 얻는 운용 수익률이 임금 상승률보다는 높으며, 재무 상태가 불안정한 사업장이라면 매년 부담금을 사외에 적립하여 운용 수익을 얻을 수 있는 확정기여형 퇴직연금이 보다 더 유리하다.

③ 임금 상승률과 운용 수익률이 비슷할 것으로 예상된다면 확정급여형 퇴직연금과 확정기여형 퇴직연금 급여액 차이는 없다고 보아도 무방하다. 따라서 이 경우 회사의 재무 건전성, 스스로의 투자 성향 등을 추가적으로 고려하는 것이 바람직하다.

④ 임금피크제가 실시되는 사업장이라면 임금피크제 실시를 기점으로 임금 수준이 낮아지므로 임금피크제 적용 시점 이전에 확정급여형 퇴직연금을 적용하고 있었더라도 적용 시점 이후에는 확정기여형 퇴직연금으로 전환하는 것이 유리하다.

참고로, 근로자가 확정급여형 퇴직연금과 확정기여형 퇴직연금에 동시에 가입할 수 있다(혼합형제도). 따라서 근로자는 확정급여형 퇴직연금과 확정기여형 퇴직연금을 적절하게 활용해서 자신에게 맞는 퇴직연금 제도를 설계할 수도 있다.

4대 보험 및 실업급여,
혜택을 확인하자

주제 10에서 알아볼 내용은 다음과 같다.

01. 4대 보험 가입하지 않을 수 있을까?

02. 실업급여를 받을 수 있는 요건

03. 어떤 사유로 퇴사해야 실업급여를 받을 수 있을까?

04. 실업급여 받는 중에 취직하면 나머지
    금액을 못 받을까?

4대 보험 가입하지 않을 수 있을까?

01

김신입이 화장실 가는 길에 미화원을 만났는데, 그분이 뭔가 할 말이 있는 듯 김신입을 보면서 주저하고 있었다.

"혹시, 제게 하실 말씀이 있으세요?"

"저, 한 가지 물어봐도 되나요?"

"네, 어떤 것이 궁금하신가요?"

"저희 같은 사람은 급여가 적잖아요? 그런데 급여에서 공제하는 4대 보험 금액이 너무 많은 것 같아요. 혹시 4대 보험에 가입하지 않을 수는 없을까요?"

"4대 보험은 강제로 가입해야 하니까, 임의로 가입하지 않을 수 없어요. 혹시 예외 사유에 해당될 수 있는지는 모르겠네요. 확인해서 알려 드릴게요."

"아이쿠, 그렇게 해 주시면 고맙죠."

김신입의 말에 미화원의 얼굴이 밝아지는 것을 보고 가능한 방법이 있었으면 좋겠다고 생각했다.

사회보험법의 개념

—

4대 보험은 고용보험, 산재보험, 건강보험, 국민연금을 말하는 것으로, 넓게 보면 사회보험법에 해당된다. 사회보험법은 사회보험제도의 운영과 그 실시에 관한 법으로, 사회보험법의 규율대상이 되는 사회보험은 「국민에게 발생하는 사회적 위험을 보험방식에 의하여 대비함으로써 국민건강과 소득을 보장하는 제도」이다.

사회보험법의 규율 대상인 사회보험은 ① 강제·공적보험, ② 소득보장보험, ③ 비영리보험, ④ 정액보험의 성격을 가지고 있으며, 사회보험법에 해당하는 대표적인 법률로서는 산업재해보상보험법, 고용보험법, 국민건강보험법, 국민연금법 등이 있다.

원래 사회보험법은 노동보험이 중심이고 법적으로는 노동법의 영역에 속해 있었으나, 오늘날 사회보험은 그 보호 대상을 근로자뿐만 아니라 그 가족은 물론 사회 구성원 전체를 대상으로 하는 사회적 위험으로부터 국민의 생존권을 보호하기 위하여 제정한 것으로서 사회보장법의 영역에 속한다.

사회보험 관계의 당사자

—

(1) 보험 가입자

보험 가입자는 사회보험에 가입하여 소정의 보험료를 납부할 의무를 부담하는 자로, 일반적으로 보험 가입자는 피보험자와 동일인이 되는 것이 보통이나, 고용보험과 산재보험은 보험가입자와 피보험자로 구분하고 있다.

고용보험과 산재보험의 보험 가입자는 해당 법률에 의한 당연적용

사업장 또는 임의적용 사업장에서 사회보험에 가입한 '사업주'가 되고, 보험 급여를 받을 수 있는 피보험자는 해당 법률의 적용을 받는 '근로자'이다.

건강보험은 직장보험과 지역보험으로 구분하여 보험료의 징수관계를 이원화하고 있다. 즉, 직장보험의 경우는 고용보험 및 산재보험과 마찬가지로 사업주가 보험가입자가 되고 지역보험의 경우는 보험가입대상이 되는 국민이 보험가입자가 된다.

(2) 피보험자

피보험자는 보험 사고가 발생한 경우에 보험자로부터 보험급여를 받을 수 있는 자이다. 보험급여 사유가 발생하면 피보험자는 보험급 여를 받을 수 있는 권리를 취득하게 된다. 일반적으로 피보험자는 보험가입자가 되는 것이 원칙이나, 산재보험 및 고용보험에 있어서는 사업주가 보험가입자가 되고 근로자는 피보험자가 된다.

사회보험의 적용대상

—

사회보험의 성격과 관련하여 앞에서 확인한 것처럼 강제·공적보험이므로 특별히 법으로 적용을 제외하지 않는 한 강제적·의무적으로 가입되는 것이 원칙이다. 따라서 개별 의사에 따라 가입 여부를 결정할 수 없다.

다만, 적용을 제외하는 사유는 보험마다 조금씩 차이를 보이고 있어 고용보험과 산재보험의 내용을 확인해 보면 다음과 같다.

(1) 고용보험

고용보험은 적용 제외되는 사업과 근로자가 있는데, 원칙적으로는 근로자를 고용하는 모든 사업 또는 사업장에 적용한다. 다만, 사업의 규모 및 산업별 특성을 고려하여 사업장 및 피보험자 관리가 매우 어렵다고 판단되는 일부 사업에 대하여는 적용을 제외한다.

고용보험 적용 제외사업

1. 농업·임업·어업 및 수렵업(한국표준산업분류표상의 대분류) 중 법인이 아닌 자가 상시 4인 이하의 근로자를 사용하는 사업
2. 면허업자가 아닌 자가 시공하는 (ⅰ) 총공사금액이 2천만원 미만인 공사와 (ⅱ) 연면적이 100제곱미터 이하인 건축물의 건축 또는 연면적이 200제곱미터 이하인 건축물의 대수선에 관한 공사
3. 가사 서비스업

고용보험 적용 제외사업이 아닌 경우 고용보험은 모든 근로자에게 적용되는 것을 원칙으로 한다.

고용보험 적용제외 근로자

1. 65세 이후에 고용되거나 자영업을 개시한 자(단, 고용안정·직업능력개발 사업은 적용)
2. 1월간의 소정근로시간이 60시간(1주간 15시간미만인 자 포함) 미만인 자
3. 국가공무원법 및 지방공무원법에 의한 공무원. 다만, 별정직 및 계약직 공무원의 경우는 본인의 의사에 따라 실업급여에 가입할 수 있다.
4. 사립학교 교직원연금법의 적용을 받는 자
5. 별정우체국법에 의한 별정우체국 직원
6. 적법한 체류 자격이 없는 외국인근로자

(2) 산재보험

산재보험은 위험율·규모 및 장소 등을 고려하여 대통령령이 정하는 사업을 제외하고는 근로자를 사용하는 모든 사업 또는 사업장에 적용하는 것이 원칙이다.

산재보험 적용제외

1. 「공무원연금법」또는「군인연금법」에 따라 재해보상이 되는 사업
2. 「선원법」, 「어선원 및 어선 재해보상보험법」 또는 「사립학교교직원 연금법」에 따라 재해보상이 되는 사업
3. 「주택법」에 따른 주택건설사업자, 「건설산업기본법」에 따른 건설업자, 「전기공사업법」에 따른 공사업자, 「정보통신공사업법」에 따른 정보통신공사업자, 「소방시설공사업법」에 따른 소방시설업자 또는「문화재보호법」에 따른 문화재수리업자가 아닌 자가 시공하는 총공사금액(이하 "총공사금액"이라 한다.)이 2천만원 미만인 공사 또는 연면적이 100제곱미터 이하인 건축물의 건축 또는 연면적이 200제곱미터 이하인 건축물의 대수선에 관한 공사
4. 가구내 고용활동
5. 제1호부터 제4호까지의 사업 외의 사업으로서 상시근로자 수가 1명 미만인 사업
6. 농업, 임업(벌목업은 제외), 어업 및 수렵업 중 법인이 아닌 자의 사업으로서 상시근로자 수가 5명 미만인 사업

02

급여 담당자에게서 김신입에게 연락이 왔다.

"이번에 퇴사하는 직원이 있는데, 우리 회사에서 근무한 기간이 5개월밖에 안 돼요. 그런데 실업급여를 받을 수 있는지 물어보네요. 실업급여 받기에는 근무 기간이 너무 짧지 않아요?"

"네, 실업급여를 받으려면 피보험 단위 기간이 180일 이상 되어야 하는데, 짧은 것 같네요. 실업급여를 받기 위한 요건에 대하여 정리한 자료가 있으니 보내드릴게요."

"그런 자료를 주시면 좋죠. 업무에 도움이 되겠네요. 감사해요."

실업급여는 고용보험 가입 근로자가 실직하여 재취업 활동을 하는 기간에 소정의 급여를 지급함으로써 실업으로 인한 생계 불안을 극복하고 생활의 안정을 도와주며 재취업의 기회를 지원해주는 제도로, 실업에 대한 위로금이나 고용보험료 납부의 대가로 지급되는 것이 아니라 실업이라는 보험 사고가 발생했을 때 취업하지 못한 기간에 대하여 적극적인 재취업활동을 한 사실을 확인(실업인정)하고 지급하는 것이다.

통상 실업급여라고 표현하는 것은 실업급여(구직급여, 취업촉진수당) 중 구직급여에 해당하는 것으로 퇴직한 다음날로부터 12개월에 이를 때까지만 받을 수 있다.

　실업급여의 수급 요건을 보면, ① 이직일 이전 18개월(주 15시간미만의 초단시간근로자의 경우 24개월)간 피보험 단위 기간이 통산하여 180일 이상일 것(180일의 계산은 사업장이 주5일 근무제로 토요일이 무급휴무 형태로 운영할 경우 토요일을 제외하므로 유의할 필요가 있음), ② 근로의 의사와 능력이 있음에도 불구하고 취업하지 못한 상태일 것, ③ 수급자격 제한 사유에 해당하지 아니할 것, ④ 구직 노력을 적극적으로 할 것 등이다.

　따라서 최소 6개월 이상 고용보험에 가입하고 있어야 하고 구직 활동을 적극적으로 함에도 불구하고 취업이 잘 안되어야 할 것이다.

　또한 ① 자기의 중대한 귀책사유로 해고된 경우와 ② 정당한 사유 없는 자기사정으로 이직한 것으로 보는 경우와 같이 실업급여 수급자격의 제한 사유에 해당하지 않아야 한다.

　여기서 "자기의 중대한 귀책사유로 해고된 경우"는 형법 또는 직무와 관련된 법률을 위반하여 금고 이상의 형을 선고받음으로써 해고된 경우, 사업에 막대한 지장을 초래하거나 재산상 손해를 끼침으로써 해고된 경우, 정당한 사유 없이 장기간 무단결근하여 해고된 경우가 이에 해당한다.

　다음으로 "정당한 사유 없는 자기 사정으로 이직한 경우"는 전직을 하거나 자영업을 하기 위하여 사직하는 경우와 중대한 귀책사유가 있는 자가 해고되지 아니하고 사업주의 권고로 사직하는 경우가 해당한다.

어떤 사유로 퇴사해야 실업급여를 받을 수 있을까?

03

급여 담당자가 김신입이 보내준 자료를 확인하고 다시 연락이 왔다.

"보내 주신 자료 잘 봤어요. 그런데 실업급여를 받을 수 있는 사유를 정리한 자료는 없나요?"

"아, 그 내용도 보내야지 하고 생각은 했었는데 깜박했네요. 바로 보내드리죠."

"네, 감사합니다."

실업(구직)급여를 받기 위해서는 이직 사유가 비자발적인 사유일 것을 원칙으로 한다. 다만, 구직급여는 실업의 의미를 충족하는 비자발적 이직자에게 수급자격을 인정하는 것이지만, 자발적 이직자의 경우에도 이직하기 전에 이직 회피 노력을 다하였으나 사업주 측의 사정으로 더 이상 근로하는 것이 곤란하여 이직한 경우 이직의 불가피성을 인정하여 수급자격을 예외적으로 부여한다.

실업급여 수급의 정당한 사유에 대하여 법에 규정을 두고 있는데, 구체적으로 보면 다음과 같다.

수급자격이 제한되지 아니하는 정당한 이직 사유

1. 다음 각 목의 어느 하나에 해당하는 사유가 이직일 전 1년 이내에 2개월 이상 발생한 경우
   1) 실제 근로조건이 채용시 제시된 근로조건이나 채용 후 일반적으로 적용받던 근로조건보다 낮아지게 된 경우
   2) 임금체불이 있는 경우
   3) 소정근로에 대하여 지급받은 임금이 「최저임금법」에 따른 최저임금에 미달하게 된 경우
   4) 「근로기준법」 제53조에 따른 연장 근로의 제한을 위반한 경우
   5) 사업장의 휴업으로 휴업 전 평균임금의 70퍼센트 미만을 지급받은 경우
2. 사업장에서 종교, 성별, 신체 장애, 노조활동 등을 이유로 불합리한 차별 대우를 받은 경우
3. 사업장에서 본인의 의사에 반하여 성희롱, 성폭력, 그 밖의 성적인 괴롭힘을 당한 경우
4. 사업장의 도산·폐업이 확실하거나 대량의 감원이 예정되어 있는 경우
5. 다음 각 목의 어느 하나에 해당하는 사정으로 사업주로부터 퇴직을 권고받거나, 인원 감축이 불가피하여 고용조정 계획에 따라 실시하는 퇴직희망자의 모집으로 이직하는 경우
   1) 사업의 양도·인수·합병
   2) 일부 사업의 폐지나 업종 전환
   3) 직제개편에 따른 조직의 폐지·축소
   4) 신기술의 도입, 기술혁신 등에 따른 작업 형태의 변경
   5) 경영의 악화, 인사 적체, 그 밖에 이에 준하는 사유가 발생한 경우
6. 다음 각 목의 어느 하나에 해당하는 사유로 통근이 곤란(통근 시 이용할 수 있는 통상의 교통 수단으로는 사업장으로의 왕복에 드는 시간이 3시간 이상인 경우를 말한다.)하게 된 경우
   1) 사업장의 이전
   2) 지역을 달리하는 사업장으로의 전근
   3) 배우자나 부양하여야 할 친족과의 동거를 위한 거소 이전
   4) 그 밖에 피할 수 없는 사유로 통근이 곤란한 경우
7. 부모나 동거 친족의 질병·부상 등으로 30일 이상 본인이 간호해야 하는 기간에 기업의 사정상 휴가나 휴직이 허용되지 않아 이직할 경우
8. 「산업안전보건법」 제2조 제7호에 따른 "중대재해"가 발생한 사업장으로서 그 재해와 관련된 고용노동부장관의 안전보건상의 시정명령을 받고도 시정 기간까지 시정하지 아니하여 같은 재해 위험에 노출된 경우
9. 체력의 부족, 심신장애, 질병, 부상, 시력·청력·촉각의 감퇴 등으로 피보험자에게 주어진 업무를 수행하게 하는 것이 곤란하고, 기업의 사정상 업무 종류의 전환이나 휴직이 허용되지 않아 이직한 것이 의사의 소견서, 사업주 의견 등에 근거하여 객관적으로 인정되는 경우
10. 임신, 출산, 만 8세 이하 또는 초등학교 2학년 이하의 자녀의 육아, 「병역법」에 따른 의무복무 등으로 업무를 계속적으로 수행하기 어려운 경우로서 사업주가 휴가나 휴직을 허용하지 않아 이직한 경우

11. 사업주의 사업 내용이 법령의 제정·개정으로 위법하게 되거나 취업 당시와는 달리 법령에서 금지하는 재화 또는 용역을 제조하거나 판매하게 된 경우

12. 정년의 도래나 계약 기간의 만료로 회사를 계속 다닐 수 없게 된 경우

13. 그 밖에 피보험자와 사업장 등의 사정에 비추어 그러한 여건에서는 통상의 다른 근로자도 이직했을 것이라는 사실이 객관적으로 인정되는 경우

오늘 신입 사원이 첫 출근을 하게 되어 김신입이 회사에 대해서 안내를 하였다. 설명을 다 마치고 회의실에서 나오려는데 신입 사원이 질문을 하였다.

"제가 입사 전에 실업급여를 받다가 취업을 하게 되었는데요. 이 경우 남아 있는 실업급여를 받을 수 있는지 혹시 아시는지요?"

"아, 그건 조기재취업수당으로 받을 수 있어요. 조기재취업수당에 대해서 안내해 드리죠."

실업(구직)급여를 받던 도중에 취업을 하게 되면 나머지 기간에 대한 금액을 못 받는 것이 아니라 조기재취업수당으로 받게 된다.

조기재취업수당은 실업(구직)급여 수급자격자가 대기 기간(2019. 7. 16. 이후 수급 자격 신청을 한 건설 일용근로자는 제외)이 지난 후 재취업한 날의 전날을 기준으로 잔여 소정 급여 일수 2분의 1이상 남기고 재취업한 경우 미지급일수의 2분의 1을 일시에 지급하는 제도로서 아래 지급 요건을 충족할 경우 지급받을 수 있다. 조기재취업수당은 지급요건은 아래에 제시된 요건을 모두 충족하여야 한다.

① 재취업한 날의 전날을 기준으로 고용보험법 제50조에 따른 소정급여 일수를 2분의 1이상 남긴 상태이어야 한다.

② 12개월 이상 계속하여 고용되어야(자영업을 영위한) 하는데, 사업주가 변경되더라도 기간의 단절 없이 계속 고용되어 12개월 이상 근무한 경우이어야 한다. 이러한 기준은 (건설)일용근로자로 재취업한 경우에도 적용되는데 1개월에 10일 이상씩 12개월 이상 계속 근로한 경우에 해당된다.

③ 재취업한 시점의 사업주가 다음의 요건에 해당하는 사업주가 아니어야 한다.

- 최후 이직한 사업의 사업주에게 재고용된 경우
- 최후 이직한 사업의 사업주와 관련된 사업주로서 최종 이직 당시의 사업주와 합병·분할되거나 그 사업을 넘겨받은 사업주에게 재고용된 경우
- 실업 신고일 이전 채용을 약속한 사업주에게 고용된 경우

조기재취업수당의 청구 시점은 재취업한 날 또는 사업을 시작한 날부터 12개월이 경과한 이후 관할 고용센터에 조기재취업수당 청구서 및 관련 증빙서류를 제출하면 지급해 준다. 청구방법으로 우편, 팩스, 인터넷, 방문 등 모두 인정된다.

자영업활동을 할 경우에도 조기재취업수당을 받을 수 있는데, 자영업으로 조기재취업수당을 받기 위해서는 자영업활동계획서를 제출하고 자영업활동으로 실업인정을 1회 이상 받아야 한다.

그리고 재취업일(또는 사업개시일) 이전 2년 이내에 조기재취업수당을 지급받은 사실이 없어야 조기재취업수당을 받을 수 있다.

주제 11

부당한 대우, 법적인
권리구제를 받자

주제 11에서 알아볼 내용은 다음과 같다.

권리구제 신청 방법

01

김신입은 노무담당자로서 노동부 진정이나 노동위원회 구제 신청하는 절차 등에 대해서 알고 있을 필요가 있어 자문노무사인 박노무사께 연락을 하였다.

"박노무사님, 근로자들이 노동부 진정, 노동위원회 구제신청 등 법적인 권리구제를 받는 절차 등에 대해서 알고 싶은데 정리된 자료가 있을까요?"

"노무 담당자라면 알고 있을 필요가 있죠. 1. 임금체불 진정, 2. 체당금 신청, 3. 부당해고 구제신청, 4. 비정규직 차별시정신청에 대해서 각각 정리해서 드릴 테니 확인해 보고 추가로 궁금한 사항 있으면 연락해 줘요."

"네, 감사합니다."

01-1 임금체불 진정하기

사용자가 정기적으로 지급해야 하는 임금을 지급하지 아니한 경우에는 근로기준법 제43조의 임금지급을 위반한 것이 되고, 이 상태에서 근로자가 퇴직한 경우에는 다시 근로기준법 제36조의 금품청산 위반이 된다.

판례에 의하면 임금지급의무 위반죄는 사용자가 경영부진으로 인한 자금 사정 등으로 지급기일 내에 임금, 퇴직금 등을 지급할 수 없었던 불가피한 경우뿐만 아니라 기타의 사정으로 사용자의 임금부지급에 고의가 없거나 비난할 수 없는 경우에는 그 죄가 성립되지 않는다.

임금체불이 발생하면 근로자는 임금체불 사실을 회사 소재지를 관할하는 지방노동청에 신고할 수 있는데, 신고의 종류로는 지급받지 못한 임금을 받을 수 있게 해 달라고 진정을 할 수 있고, 사용자를 근로기준법 위반으로 처벌해 달라고 고소를 할 수도 있다.

'진정'은 국가·지방자치단체 등 공적기관에 대해 국민이 사정을 진술하고 어떤 조치를 취하여 주도록 하는 행위인데, 임금 체불에서의 진정은 근로자가 사업주의 임금 체 불사항을 근로감독관에게 알리고 관련 조치를 취해 줄 것을 요구하는 행위라고 할 수 있다.

진정 제기의 방법으로 지방노동청 민원실에 방문하거나 고용노동부 인터넷 홈페이지를 통해서 할 수 있는데, 진정서라는 서식을 작성하여 제출하여야 한다. 진정이 접수되면 발생주의 원칙에 따라 사건 발생지를 관할하는 고용노동청에서 처리한다.

진정 사건을 진행하는 도중에 근로감독관의 진정 처리 결과에 의문이 생긴다면 다시 진정을 제기하여 재검토를 요청하거나 고소장을 제출하여 검사의 지휘 아래 사건이 처리될 수 있도록 요청할 수 있다.

고소는 범죄의 피해자가 범죄 사실을 수사기관에 신고하여 수사와 범인의 기소를 요구하는 행위로, 근로감독관은 특별사법경찰관으로서 사건을 접수하면 피의자를 신문하고 검찰에 사건을 송치한다.

고소·고발·범죄인지 사건은 접수 또는 범죄인지한 날로부터 2월 이내, 그 외의 사건(진정 등)은 25일(공휴일, 토요일 제외) 이내에 처리해야 한다.

처리 기간을 부득이 연기하고자 할 경우에는 25일 내에서 연장이 가능하며, 연장된 기간에 사건 처리가 곤란할 경우에는 신고인의 동의를 받아 25일 내에서 재연장이 가능하다(총 2회까지 연장 가능).

임금 체불된 근로자가 사업주를 처벌하기를 희망하지 않는다는 명시적인 의사표시가 있는 경우 진정 사건은 내사 종결 처리하고, 범죄인지 사건 및 고소·고발사건은 불기소의견(공소권 없음)으로 검찰에 송치한다(반의사불벌죄). 이 경우 사업주의 처벌은 할 수 없으며, 피해자는 추후 재신고(진정, 고소, 고발)를 할 수 없다.

01-2 회사 도산 시 체당금 신청하기

체당금의 의의
—

체당금은 기업의 도산으로 인하여 퇴직한 근로자가 임금 등을 지급받지 못한 경우 정부가 나중에 사업주로부터 변제받기로 하고 사업주를 대신하여 지급하는 금액이다.

근로기준법상의 임금채권 우선변제 제도는 사업주가 변제 능력이 없거나, 변제시에도 법원의 경매 절차를 거쳐야 하는 관계로 적기에 임금채권을 확보하는데 한계가 있다. 이에 도산 기업에서 퇴직한 근로자들의 임금채권을 보장함으로써 이들의 최소한의 생활 안정에 이바지하고자 별도로 임금채권보장법을 제정하여 시행하고 있다.

지급대상 근로자
—

(1) 일반체당금

일반체당금의 지급대상이 되는 근로자는 아래 표의 어느 하나에 해당하는 날의 1년 전이 되는 날 이후부터 3년 이내에 해당 회사에서 퇴직한 근로자이다.

1. 회생절차개시의 결정 또는 파산선고의 결정이 있는 경우에는 그 신청일
2. 회생절차개시의 신청 후 법원이 직권으로 파산선고를 한 경우에는 그 신청일 또는 선고일
3. 도산 등사 실인정이 있는 경우에는 그 도산 등사 실인정 신청일

(2) 소액체당금

소액체당금의 지급 대상이 되는 근로자는 사업에서 퇴직한 날의 다음 날부터 2년 이내에 아래 표의 어느 하나에 해당하는 판결, 명령, 조정 또는 결정 등에 관한 소(訴)의 제기 또는 신청 등을 한 근로자이다.

1. 「민사집행법」 제24조에 따른 확정된 종국 판결
2. 「민사집행법」 제56조 제3호에 따른 확정된 지급 명령
3. 「민사집행법」 제56조 제5호에 따른 소송상 화해, 청구의 인낙(認諾) 등 확정 판결과 같은 효력을 가지는 것
4. 「민사조정법」 제28조에 따라 성립된 조정
5. 「민사조정법」 제30조에 따른 확정된 조정을 갈음하는 결정
6. 「소액사건심판법」 제5조의7 제1항에 따른 확정된 이행권고결정

회사(사업주)의 요건
—

근로자가 일반체당금을 받을 수 있는 사업주는 산업재해보상보험법에 따라 법의 적용 대상이 되어 6개월 이상 해당 사업을 한 후에 회생절차개시, 파산선고, 도산 등사 실인정 중 어느 하나에 해당하는 사유가 발생한 경우이다.

근로자가 소액체당금을 받을 수 있는 사업주는 아래 표의 요건에 모두 해당하는 사업주이다.

1. 사업주가 산업재해보상보험법에 따라 법의 적용 대상이 되는 사업에 근로자를 사용하였을 것
2. 해당 근로자의 퇴직일까지 6개월 이상 해당 사업을 하였을 것. 다만, 건설업 공사도급의 하수급인인 사업주가 해당 근로자의 퇴직일까지 6개월 이상 해당 사업을 하지 아니한 경우에는 건설사업자가 아닌 하수급인의 직상(直上) 수급인이 해당 근로자의 퇴직일까지 6개월 이상 해당 사업을 한 경우로 한다.
3. 해당 근로자에게 임금 등을 지급하지 못하여 종국판결 등을 받았을 것

체당금의 지급액
—

고용노동부 장관이 사업주를 대신하여 지급하는 체당금의 범위는 아래의 표와 같다. 다만, 대통령령으로 정하는 바에 따라 일반체당금의 상한액과 소액체당금의 상한액은 근로자의 퇴직 당시의 연령 등을 고려하여 따로 정할 수 있으며 체당금이 적은 경우에는 지급하지 아니할 수 있다.

1. 임금 및 최종 3년간의 퇴직급여 등
2. 휴업수당(최종 3개월분으로 한정함)
3. 출산전후휴가 기간 중 급여(최종 3개월분으로 한정함)

체당금의 상한액은 고용노동부고시로 정하는데 2021. 1. 21.에 고시된 상한액은 다음과 같다.

(1) 일반체당금

(단위 : 만원)

항목 \ 퇴직당시 연령	30세 미만	30세 이상 40세 미만	40세 이상 50세 미만	50세 이상 60세 미만	60세 이상
임금	220	310	350	330	230
퇴직 급여 등	220	310	350	330	230
휴업 수당	154	217	245	231	161
출산전후휴가 기간 중 급여			310		

※ 비고 : 임금, 출산전후휴가 기간 중 급여, 휴업수당은 1월분, 퇴직급여 등은 1년분 기준임

(2) 소액체당금

(단위 : 만원)

항 목	상한액
임금, 출산전후 휴가 기간 중 급여, 휴업수당	700
퇴직 급여 등	700

※ 총 상한액은 1,000만원

체당금의 청구절차
—

 먼저, 체당금을 청구하기 위해서는 체불 임금에 대한 확정을 지어야 한다. 따라서 체불 임금의 확정을 위하여 고용노동부에 진정을 제기하게 된다.

 그 이후 체당금의 청구를 위한 도산 등 사실인정 신청을 하게 되는데, 도산 등 사실인정 신청은 퇴직한 날의 다음 날부터 1년 이내에 하여야 하므로 이 기간을 도과하지 않도록 주의하여야 한다.

 회사가 도산되었다는 도산 등사 실인정을 받은 이후에 개별적으로 체당금을 청구할 수 있는데, 체당금을 받으려는 사람은 다음 각 호의 구분에 따른 기간 내에 고용노동부 장관에게 청구하여야 한다.

1. 일반체당금 : 파산선고등 또는 도산등사실인정이 있는 날부터 2년 이내
2. 소액체당금 : 판결등이 있는 날부터 1년 이내

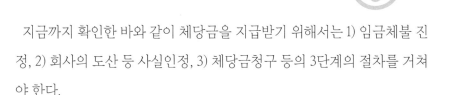

지금까지 확인한 바와 같이 체당금을 지급받기 위해서는 1) 임금체불 진정, 2) 회사의 도산 등 사실인정, 3) 체당금청구 등의 3단계의 절차를 거쳐야 한다.

01-3 부당해고 구제 신청하기

부당해고 구제 신청 방법
—

근로자가 회사에서 부당해고 또는 징계를 당한 경우 권리구제를 받을 수 있는 방법은 노동위원회에 의한 구제와 법원에 의한 구제로 나눌 수 있다.

먼저, 노동위원회에 의한 구제는 행정심판절차로 회사 소재지에 있는 지방노동위원회에 부당해고 등 구제신청을 하고 판정을 받는 것이다. 지방노동위원회의 판정에 불복할 경우 중앙노동위원회(세종시 소재)에 재심을 신청할 수 있으며, 중앙노동위원회의 재심판정에 대하여 불복하는 경우 법원에 행정소송을 제기할 수 있다.

또한, 근로자는 법원에 의한 구제를 받을 수도 있는데, 이는 법원에 바로 부당해고 등 무효확인의 소, 고용관계존재확인의 소, 가처분, 손해배상청구 등의 민사소송을 진행하는 것이다.

노동위원회에 의한 구제

일반적으로 부당해고 또는 징계에 대하여 신속한 권리구제를 위하여 노동위원회에 구제신청을 하고 있다. 따라서 노동위원회 구제신청 절차를 구체적으로 확인해 보면 다음과 같다.

노동위원회에 구제신청을 하기 위해서는 부당해고 등이 있었던 날부터 3개월 이내에 해야 한다. 따라서 회사로부터 부당해고, 부당징계, 부당전직 등 인사상 불이익 조치를 받고 수긍할 수 없을 경우에는 회사로부터 그 인사상 불이익 조치를 받은 날로부터 3개월 이내에 노동위원회에 구제신청을 하면 된다.

노동위원회의 구제절차는 법원의 소송절차와 유사한데, 부당해고 등에 대한 신청 이유서를 제출하면 노동위원회에서는 회사로 보내서 답변서를 제출하게 하며, 이러한 방식으로 서면으로 쟁점에 대한 공방을 하게 되고 어느 정도 정리가 되면 심문회의를 개최하여 결정을 하게 된다.

지방노동위원회의 판정 결과에 불복할 경우에는 결정서를 송달받은 날로부터 10일 이내에 중앙노동위원회에 재심신청을 할 수 있고, 재심절차는 초심 지방노동위원회의 절차와 동일하게 진행된다. 재심판정 결과에 불복할 경우에는 재심판정서(결정서) 송달일로부터 15일 이내에 중앙노동위원회를 대상으로 행정소송을 제기할 수 있다.

만약 해당 기간 내에 이의를 제기 하지 않을 경우에는 결정서에 명시된 대로 확정된다. 부당해고 등 구제신청을 통하여 얻을 수 있는 결과는 원직복직과 해고 등의 기간 동안의 임금 상당액을 받을 수 있다.

차별적 처우의 개념

—

차별적 처우란 임금, 상여금, 성과금, 그 밖의 근로조건 등에 있어서 합리적인 이유 없이 불리하게 처우하는 것이다. 특히 비정규직(기간제, 파견근로자 등)이라는 이유로 사업장에서 차별적으로 처우하는 것은 문제가 있기 때문에 차별적 처우를 금지하고 있다.

차별적 처우의 판단

—

차별적 처우인지 여부는 ① 해당 사업 또는 사업장에서, ② 동종 또는 유사한 업무에 종사하는, ③ 비교대상 근로자에 비하여, ④ 임금 그 밖의 근로조건 등에 있어서, ⑤ 합리적인 이유 없는 차별인지를 기준으로 판단한다.

(1) 해당 사업 또는 사업장

비정규직 근로자와 비교대상이 되는 정규직 근로자는 해당 사업 또는 사업장 안의 근로자로 한정된다.

(2) 동종 또는 유사한 업무에 종사

비교대상이 되는 정규직 근로자의 범위에는 동종업무뿐만 아니라 유사업무에 종사하는 근로자까지 포함된다.

여기서 '동종업무'란 원칙적으로 직종을 기준으로 하고 그 직종 내에서 직무나 작업내용이 같은 업무이다. '유사업무'란 직종이 다르더라도 비교대상의 업무가 성격이 동일하거나 비슷하고, 업무 조건의 차이가 있더라도 규칙적이고 일관된 것이 아니며, 양쪽의 근로자를 서로 교체해가면서 수행을 하거나 할 수 있는 업무이다.

(3) 비교대상 근로자에 비하여

기간제, 단시간 근로자 등에 대한 차별판단을 위해서는 이들과 비교할 수 있는 다른 대상이 존재하여야 한다. 즉, 기간제 근로자의 경우 기간의 정함이 없는 근로계약을 체결한 근로자이고, 단시간 근로자는 통상근로자가 비교대상 근로자가 된다.

차별판단을 위한 비교대상 근로자는 원칙적으로 사용자에 의한 차별적 처우가 있었던 시기에 존재해야 한다.

(4) 임금 그 밖의 근로조건 등

금지되는 차별적 처우는 근로기준법에 따른 임금, 정기상여금, 명절상여금 등 정기적으로 지급되는 상여금, 경영성과에 따른 성과금, 그 밖에 근로조건 및 복리후생 등에 관한 사항이 이에 해당한다. 다만, 근로기준법 및 사회보험 관련법 등에서 사용자에게 이행의무를 부과한 것은 차별처우 금지영역에 포함되지 않는데, 국민연금·건강보험·고용보험·산재보험에 가입, 연장·야간·휴일근로에 대한 법정가산수당의 지급, 법정연차휴가 부여 등의 의무를 이행하지 않는 것은 차별문제 이전에 해당 법률위반으로 처리된다.

(5) 합리적인 이유 없는 차별

차별적 처우란 기간제·단시간 근로자가 비교 대상근로자에 비하여 임금 그 밖의 근로조건 등에 있어서 낮은 대우를 받는데 합리적인 이유가 없는 것이다. 합리적 이유는 사안마다 다를 수 있는데, 예를 들면 취업 기간에 따라 임금이나 수당을 비례적으로 적용한 결과 취업 기간이 짧아 불리한 처우가 발생한 경우, 단시간 근로자이기 때문에 근로시간에 비례하여 근로조건을 적용하는 경우, 경력이나 자격증 등 채용조건에 따라 임금이 결정되어 근로조건이 다르게 된 경우, 업무의 범위(근로의 양이나 질)가 달라서 근로조건이 다르게 된 경우, 권한 또는 책임의 정도에 따라 임금에 차이가 발생하는 경우 등이 이에 해당될 수 있다.

차별시정 절차

―

차별시정 절차는 부당해고 등의 경우와 같이 노동위원회에서 관할을 한다. 즉, 차별적 처우가 발생한 사업장의 소재지를 관할하는 지방노동위원회에서 초심의 관할권을 가진다.

차별시정 신청인이 기간제·단시간 근로자인 경우 차별시정의 피신청인인 사용자는 시정명령을 받는 자 및 확정된 시정명령 불이행시 부과되는 과태료 납부책임을 지는 자가 된다. 따라서 차별시정의 피신청인이 되는 자는 계약체결 당사자인 사업주에 한정된다.

차별시정 신청인이 파견근로자인 경우에는 파견사업주와 사용사업주가 각각 사용자 책임 영역에 따라 피신청인이 된다.

차별시정의 신청은 차별적 처우가 있은 날(계속되는 차별적 처우는 종료일)부터 6개월 이내에 해야 하며, 권리구제를 신청할 수 있는 6개월의 기간은 제척기간으로 기간이 경과하면 권리구제를 신청할 권리가 소멸된다. 차별시정의 신청은 신청서를 관할 노동위원회에 제출함으로써 개시되며, 신청인의 성명·주소, 피신청인의 성명·주소, 차별적 처우의 내용, 신청일 등을 신청서에 기재하여 신청하여야 한다. 이때 신청인은 비교대상 근로자에 비하여 임금 그 밖의 근로조건 등에서 받은 차별적 처우의 내용을 구체적으로 명시하여야 한다.

노사협의회 근로자 위원이 경영지원 팀으로 보내온 협조 요청을 보고 정 팀장이 김신입에게 지시하였다.

"근로자 위원이 직장 내 괴롭힘 행위가 있을 경우 직원들이 어떻게 대처 해야 하는지에 대한 방법을 알려달라고 하네. 김신입씨가 직장 내 괴롭힘 행위에 대한 대처 방법을 정리해 보게."

"네, 알겠습니다. 이번 기회에 직장 내 괴롭힘 행위에 대한 대처 방법을 직원들에게 주지 시켜 이러한 문제가 우리 회사에서 발생하지 않도록 해 야 할 것 같습니다."

"다른 회사에 확인해 보니 직장 내 괴롭힘 때문에 심각한 문제가 되는 경 우도 있나 봐. 잘 정리해 보도록."

김신입은 직장 내 괴롭힘에 대해서 관련 내용을 파악하기 시작하였다.

직장 내 괴롭힘은 근로기준법(제76조의2)에 근거 규정을 두고 있으며 "사용자 또는 근로자는 직장에서의 지위 또는 관계 등의 우위를 이용하 여 업무상 적정 범위를 넘어 다른 근로자에게 신체적·정신적 고통을 주거 나 근무 환경을 악화시키는 행위를 하여서는 아니 된다."라고 명시하고 있어, 직장 내 괴롭힘인지 여부의 주요 판단 요소는 행위자, 피해자, 행위

장소, 행위 요건이라고 할 것이다.

행위자

—

행위자는 사용자 또는 근로자가 될 수 있다. 사용자는 근로기준법 제2조에 따른 사용자(사업주 또는 사업경영 담당자, 그 밖에 근로자에 관한 사항에 대하여 사업주를 위하여 행위 하는 자)로 파견 중인 근로자에 대해서는 파견사업주 및 사용사업주를 모두 사용자로 볼 수 있으며, 근로자는 피해자와 같은 사용자와 근로관계를 맺고 있는 근로자일 것이 원칙이나, 파견의 경우 사용사업주 소속 근로자와 파견근로자 사이에서 발생한 직장 내 괴롭힘 사안에 대하여 사용사업주도 사용자로서 근로기준법에 따른 조치 의무 등을 부담한다.

피해자

—

피해자인 근로자는 고용형태, 근로계약기간 등을 불문하고 피해자가 될 수 있다.

행위 장소

—

직장 내 괴롭힘 행위 요건을 충족한다면 발생하는 장소는 반드시 사업장 내부일 필요가 없다. 외근 출장지 등 업무 수행 장소, 회식이나 기업 행사 등의 장소뿐 아니라 사적 공간에서 발생한 경우라도 직장 내 괴롭힘으로 인정 가능하며, 사내 메신저 SNS 등 온라인상에서 발생한 경우도 직장 내 괴롭힘에 해당될 수 있다.

행위 요건

직장 내 괴롭힘의 행위 요건은 (1) 직장에서의 지위 또는 관계 등의 우위를 이용할 것, (2) 업무상 적정 범위를 넘을 것, (3) 신체적 정신적 고통을 주거나 근무 환경을 악화시키는 행위일 것이다.

(1) 직장에서의 지위 또는 관계 등의 우위를 이용할 것

　피해 근로자가 저항 또는 거절하기 어려울 개연성이 높은 상태가 인정되어야 하며, 행위자가 이러한 상태를 이용해야 한다.

　지위의 우위는 기본적으로 지휘 명령 관계에서 상위에 있는 경우를 말하나, 직접적인 지휘 명령 관계에 놓여있지 않더라도 회사 내 직위·직급 체계상 상위에 있음을 이용한다면 지위의 우위성 인정이 가능하다.

　관계의 우위는 사실상 우위를 점하고 있다고 판단되는 모든 관계가 포함될 수 있는데, 주로 개인·집단과 같은 수적 측면, 연령·학벌·성별·출신·지역·인종 등 인적 속성, 근속연수·전문지식 등 업무역량, 노조·직장협의회 등 근로자 조직 구성원 여부, 감사·인사부서 등 업무의 직장 내 영향력, 정규직 여부 등의 요소 등이 문제될 수 있다.

(2) 업무상 적정 범위를 넘을 것

　사용자가 모든 직장 내 인간관계의 갈등 상황에 대하여 근로기준법에 따른 조치를 취해야 하는 것은 아니므로, 행위자가 피해자에 비하여 우위성이 인정되더라도 문제된 행위가 업무 관련성이 있는 상황에서 발생한 것일 필요가 있다. 다만, 여기서의 업무 관련성은 '포괄적인 업무 관련성'을 의미한다고 보아야 할 것이므로, 직접적인 업무 수행 중에서 발생한 경우가 아니더라도 업무수행에 편승하여 이루어졌

거나 업무수행을 빙자하여 발생한 경우 업무 관련성 인정이 가능하다.

(3) 신체적·정신적 고통을 주거나 근무 환경을 악화시키는 행위일 것

근무 환경을 악화시키는 것이란, 그 행위로 인하여 피해자가 능력을 발휘하는 데 간과할 수 없을 정도의 지장이 발생하는 것을 의미한다. 행위자의 의도가 없었더라도 그 행위로 신체적·정신적 고통을 받았거나 근무 환경이 악화 되었다면 인정된다.

직장 내 괴롭힘은 직장에서의 지위 또는 관계 등의 우위를 이용하여 업무상 적정 범위를 넘어 다른 근로자에게 신체적·정신적 고통을 주거나 근무 환경을 악화시키는 행위라고 정의하였다. 직장 내 괴롭힘에 해당하는지 여부는 당사자의 관계, 행위가 행해진 장소 및 상황, 행위에 대한 피해자의 명시적 또는 추정적인 반응의 내용, 행위의 내용 및 정도, 행위가 일회적 또는 단기간의 것인지 또는 계속적인 것인지 여부 등의 구체적인 사정을 참작하여 종합적으로 판단하되, 객관적으로 피해자와 같은 처지에 있는 일반적이고도 평균적인 사람의 입장에서 신체적·정신적 고통 또는 근무 환경 악화가 발생할 수 있는 행위가 있고, 그로 인하여 피해자에게 신체적·정신적 고통 또는 근무 환경 악화의 결과가 발생하였음이 인정되어야 한다.

직장 내 괴롭힘은 그 양태가 매우 다양해서 모든 행위 유형을 열거·규정할 수 없으나, 다음과 같은 행위가 직장 내 괴롭힘에 해당될 수 있다.

- 정당한 이유 없이 업무 능력이나 성과를 인정하지 않거나 조롱함
- 정당한 이유 없이 훈련, 승진, 보상, 일상적인 대우 등에서 차별함
- 근로계약서 등에 명시되어 있지 않는 허드렛일만 시키거나 일을 거의 주지 않음
- 정당한 이유 없이 업무와 관련된 중요한 정보제공이나 의사결정 과정에서 배제시킴
- 정당한 이유 없이 휴가나 병가, 각종 복지혜택 등을 쓰지 못하도록 압력 행사
- 다른 근로자들과는 달리 특정 근로자의 일하거나 휴식하는 모습만을 지나치게 감시
- 사적 심부름 등 개인적인 일상생활과 관련된 일을 하도록 지속적, 반복적으로 지시
- 정당한 이유 없이 부서 이동 또는 퇴사를 강요함
- 개인사에 대한 뒷담화나 소문을 퍼뜨림
- 신체적인 위협이나 폭력을 가함
- 욕설이나 위협적인 말을 함
- 의사와 상관없이 음주/흡연/회식 참여를 강요함
- 집단 따돌림

근로기준법은 직장 내 괴롭힘을 법으로 금지하되, 구체적인 대응은 사업장별 상황에 맞게 취업규칙 등을 통하여 정하고 그에 따르도록 유도하도록 하여, 취업규칙 필수 기재사항에 직장 내 괴롭힘 예방 및 발생 시 조치에 관한 사항을 반영하도록 하고 있다. 구체적으로 취업규칙에 규정할 수 있는 내용에는 ▲금지되는 직장 내 괴롭힘 행위, ▲직장 내 괴롭힘 예방교육, ▲고충상담, ▲사건처리절차, ▲피해자 보호조치, ▲가해자 제재, ▲재발방지대책 등이 있다.

사건 처리절차
—

직장 내 괴롭힘 사건이 발생하면 먼저 회사에 신고를 한다. 다만, 회사에 신고를 하여 처리가 안 될 것으로 생각된다면 사업장 소재지 관할 고용노동지청에 신고할 수도 있다.

회사에 신고를 하게 되면 회사에서는 신고인 및 피해자 상담을 통해 사

건개요 및 피해자 요구사항을 파악하여 해결 방안을 결정하게 되는데, 피해자의 요구는 ① 행위자로부터 분리만을 원하는 경우, ② 행위자의 사과 등 당사자 간 합의를 원하는 경우, ③ 회사 차원의 조사를 통한 해결을 원하는 경우로 나누어 볼 수 있다.

첫 번째, 행위자로부터 분리만을 원하는 경우에는 조사를 생략할 수 있으며, 회사 차원에서 적절한 조치를 취하도록 하고 있다.

두 번째, 행위자의 사과 등 당사자 간 합의를 원하는 경우에는 약식조사를 하고 회사 보고 및 행위자에게 피해자 요구 사항을 전달하고 합의를 도출하도록 하고 있다.

세 번째, 회사 차원의 조사를 통한 해결을 원하는 경우에는 정식 조사를 하고 행위자에 대한 징계 등 조치를 취하도록 하고 있다.

직장 내 괴롭힘 행위에 대한 대처

03

"김신입씨, 지난 번 정리해 준 직장 내 괴롭힘 행위에 대한 대처 방법을 근로자 위원이 보고 정리가 잘 되어 많은 도움이 되었다고 하더군. 그래서 말인데, 직장 내 성희롱 행위에 대한 대처 방법에 대해서도 정리해서 직원들에게 알리는 것이 좋겠어. 요즘 분위기에 직장 내 성희롱 행위가 있으면 안 되니까."

"네, 팀장님. 직장 내 성희롱 행위에 대한 자료도 정리해 보도록 하겠습니다."

직장 내 성희롱의 개념 및 판단기준

직장 내 성희롱은 사업주·상급자 또는 근로자가 직장 내의 지위를 이용하거나 업무와 관련하여 다른 근로자에게 성적 언동 등으로 성적 굴욕감 또는 혐오감을 느끼게 하거나 성적 언동 또는 그 밖의 요구 등에 따르지 아니하였다는 이유로 근로조건 및 고용에서 불이익을 주는 것이다. 직장 내 성희롱에 대해서는 남녀고용평등과 일·가정 양립 지원에 관한 법률에서 "사업주·상급자 또는 근로자는 직장 내 성희롱을 하여서는 아니 된다."라는 규정을 두어 금지하고 있다.

직장 내 성희롱을 판단하는 기준은 다음과 같다.

1. 직장 내의 지위를 이용하거나 업무와의 관련성이 있어야 한다. 업무관련성은 근무시간 내에 근무 장소에서 발생한 것이 아니어도 인정 될 수 있다.
2. 피해자의 원하지 않는 행위여야 한다. 피해자가 명시적인 거부의사를 표현하지 않았더라도 직장 내 성희롱이 될 수 있다.
3. 성적 언동 또는 그 밖의 요구가 있어야 한다. 직장 내 성희롱은 육체적, 언어적, 시각적 행위와 기타 행위로 분류할 수 있다.
4. 직장 내 성희롱 행위로 인한 피해를 입어야 하는데, 직장 내 성희롱 행위 피해자란 ① 성적 굴욕감 또는 혐오감을 느끼게 하거나, ② 성적 언동 또는 그 밖의 요구에 불응한 것을 이유로 근로조건 및 고용에서 불이익을 주는 것이다.

직장 내 성희롱 발생 시 대처 방법
—

직장 내 성희롱을 당하면 단호하게 거부의 의사 표현을 한다. 최초의 직장 내 성희롱에 대해서 거부와 불쾌감의 의사 표현을 하는 것은 더 심각한 수준의 직장 내 성희롱 발생을 예방할 수 있다.

그러나 직장 내 성희롱 당시 바로 거부의 의사 표현을 하는 것은 대체로 쉽지 않다. 성희롱 발생 당시 바로 의사 표현을 하지 못했다하더라도 빠른 시일 내에 그 행위에 대한 자신의 의사를 표현하는 것이 바람직하다.

직장 내 성희롱 행위의 정도와 제반 사정 등을 고려하여 어떠한 대응을 하는 것이 나에게 바람직한지에 대한 진지한 고민이 필요하다.

외부전문 기관에 상담해 보는 등 문제 해결을 시도하는 것이 중요하다.

직장 내 성희롱을 당했다고 하여 바로 사직하는 것은 바람직하지 않다.

우선, 직장 내 성희롱으로 인한 피해를 회복하는 것이 중요하며, 그 방법을 충분히 알아본 후에 결정해도 늦지 않다.

직장 내에 성희롱 구제절차 내지 고충처리절차가 마련되어 있다면 해당 기구 또는 담당자에게 신고한다. 직장 내 성희롱 해결 관련 기구나 담당자가 없는 경우에는 인사 부서에 신고한다.

신고할 때에는 행위자의 행위에 대해 구체적으로 진술한다. 회사에 피해자 본인에 대한 보호조치 및 피해 구제를 위해 본인이 원하는 해결책을 요구한다. 해결 절차가 진행되는 동안 피해자가 행위자와 함께 근무하기 어렵다면 근무 장소 변경, 유급휴가를 회사에 요구하여 스스로를 보호한다.

이처럼 직장 내의 성희롱 구제절차를 진행하더라도 피해가 구제되지 않을 경우 행정 또는 사법기관에 구제를 신청할 수 있다.

행정적 권리구제절차로는 노동위원회에 구제신청, 지방고용노동관서에 진정, 국가인권위원회에 진정을 제기할 수 있으며, 사법적 권리구제절차로는 검찰 고소 또는 고발, 민사소송을 고려해 볼 수 있다.

산재,
보상 받아 치료하자

주제 12에서 알아볼 내용은 다음과 같다.

01. 어떤 경우 산재처리를 할 수 있을까?

02. 출퇴근 중 사고 관련 어떤 경우에
    산재처리가 될까?

03. 산재 신청하기

01

"김신입씨, 산재 업무도 좀 알아요?"

생산팀장이 전화를 하였다.

"잘은 모르지만 조금은 압니다."

"그럼, 어떤 경우에 산재처리를 할 수 있는 거지?"

"산재는 업무상 재해로 인정되어야 하는데, 구체적으로 말씀드리겠습니다."

업무상 재해의 요건
—

산재의 처리는 근로자의 업무상 재해만을 대상으로 한다. 업무상의 재해란 업무상의 사유에 따른 근로자의 부상·질병·장해 또는 사망을 말한다.

업무는 근로계약에 따른 업무뿐 아니라 부속 업무, 교육, 대기, 행사, 출장, 거래처 접대 등 업무와 직·간접적으로 관련이 있는 주변업무도 포함한다. 따라서 근로자가 자유롭게 이용할 수 있는 휴게처럼 명백히 업무에 해당되지 않더라도 사업주의 지배·관리가 인정되면 업무상 사유가 부정되지 않아 산재처리가 가능하다.

업무상 사유가 인정되기 위해서는 업무와 재해 사이에 상당인과관계가 있어야 한다. 상당인과관계는 업무수행성과 업무기인성을 보다 넓게 인정한다.

　업무수행성의 개념에는 사용자의 지배 또는 관리 아래 업무를 수행하는 것이 중시된다. 그런, 출장처럼 지배 아래 있지만 관리를 받지 않는 행위, 업무수행과 혼합되어 이루어지는 개인적인 행위도 업무수행성이 인정될 수 있다. 업무수행성이 인정되면 업무상 사유가 인정되나 업무수행성이 없다고 하더라도 업무상 사유가 모두 부정되는 것은 아니다. 업무수행성을 인정받지 못하더라도 업무기인성이 있으면 업무상 사유로 볼 수 있다.

　업무기인성은 재해가 업무에 기인하여 발생하는 것을 말한다. 직업병이나 과로사는 사업장 밖이나 업무 시간 외에 발생할 수 있으며, 퇴사후 치료 과정에서 질병이 악화된 경우나 입사 전의 질병이 입사 후 악화된 경우에도 업무기인성으로 인해 산재가 인정될 수 있다.

　상당인과관계에 관해서는 주장하는 측에서 입증해야 한다. 상당인과관계에서는 해당 업무에 종사하지 않았다면 재해가 발생하지 않았을 것이라고 인정되거나, 해당 업무에 종사하면 그러한 재해가 발생할 수 있다고 인정되면 업무상 재해가 인정될 수 있다.

　인과관계는 반드시 의학적으로 명백해야 하는 것은 아니며 규범적 관점에서 따진다. 따라서 근로자의 취업 당시 건강 상태, 작업장에 발병 물질이 있는지와 그 근무기간, 다른 근로자에 대한 이환여부 등을 종합적으로 고려하여 사당인과관계가 있다고 추단되면 입증이 있는 것으로 본다.

　그러나 근로자의 고의·자해 행위나 범죄 행위 또는 그것이 원인이 되어 발생한 부상·질병·장해 또는 사망은 업무상의 재해로 보지 않는다. 사적 행위, 순리에 의한 경로 이탈 등도 마찬가지로 볼 수 있다.